文科用网络技术丛书

网络编辑实务

——网络信息内容建设与运营

（第 2 版）

王向军 编 著

西南交通大学出版社
·成 都·

图书在版编目（CIP）数据

网络编辑实务：网络信息内容建设与运营 / 王向军
编著. —2 版. —成都：西南交通大学出版社，2019.2
（2023.8 重印）

ISBN 978-7-5643-6692-6

Ⅰ. ①网… Ⅱ. ①王… Ⅲ. ①互联网络 – 新闻编辑
Ⅳ. ①G210.7②G213

中国版本图书馆 CIP 数据核字（2018）第 290733 号

网络编辑实务
　　——网络信息内容建设与运营
（第 2 版）

王向军 / 编著

责任编辑 / 穆　丰
助理编辑 / 郭鑫鹏
封面设计 / 原谋书装

西南交通大学出版社出版发行
（四川省成都市二环路北一段 111 号西南交通大学创新大厦 21 楼　610031）
发行部电话：028-87600564　028-87600533
网址：http://www.xnjdcbs.com
印刷：成都中永印务有限责任公司

成品尺寸　185 mm × 260 mm
印张　11.75　字数　292 千
版次　2019 年 2 月第 2 版　印次　2023 年 8 月第 7 次

书号　ISBN 978-7-5643-6692-6
定价　36.00 元

序

　　打开任意一种搜索引擎，输入"网络编辑"四个字，大约会出来一千万条与之相关的内容，而这些内容中的绝大部分，是"什么是网络编辑""网络编辑是干什么的""网络编辑的工作内容是哪些"等。

　　的确，虽然互联网已经十分普及，但是对网络编辑这个职业，仍有很多人并不是很了解。有人认为网络编辑是简单复制、粘贴的"网络搬运工"，也有人认为网络编辑是编写程序让网站看起来很酷炫的技术精英，还有人认为网络编辑是夜以继日守在计算机前编发各种网帖的"狗血作者"，更有人认为网络编辑是坐在办公室里喝着咖啡用笔记本计算机轻松发新闻的"网络新贵"。

　　所以，在得知我的职业是网络编辑后，总有人会很好奇地问："你每天都做些什么呢？"

　　是啊，一个网络编辑每天都做些什么呢？记得 9 年前到人民网四川频道面试时，一位领导曾问过我："你觉得，一个网络编辑应该做些什么？"当时，互联网虽然已经普及，但还不似今天这般发达，关于网络编辑的专业书籍还比较鲜见，在网上搜索到的答案也十分简单。我只能一边回忆从网络上获取的相关信息，一边结合自己所学的专业，小心翼翼地说出自己浅显的认识：找新闻、发新闻、梳理和整合新闻、策划和制作专题、推广运营……。半个月后，我正式成为一名网络编辑，才发现：说起来，很简单；做起来，很烦琐。

　　因此，无论你是正准备成为一名网络编辑，还是你已经是一名网络编辑，去仔细阅读这样一本关于网络编辑的书，都是很有必要的。

人民网高级编辑、四川频道副总编辑

高红霞

2014 年 11 月 19 日

前　言

随着我国互联网行业的形成，网络编辑这一新兴职业应运而生。2005 年，国家劳动和社会保障部首次公布了"网络编辑员"这一新职业，同时发布了国家职业标准。据国家劳动和社会保障部定义，网络编辑员是指利用相关专业知识及计算机和网络等现代信息技术，从事互联网网站内容建设的人员。

据中国互联网络信息中心发布的《第 42 次中国互联网络发展状况统计报告》显示，截至 2018 年 6 月，中国网民普及率达到 57.7%，规模达 8.02 亿。中国网站数量为 544 万个（统计数据不包含".edu.cn"域名的网站），年增长率为 2%，可以预见，网络编辑职位需求在未来几年将继续呈上升趋势。近年来，网络新型媒体的快速发展，使得对网络编辑人才的能力需求也在不断变化。2018 年 2 月 24 日，腾讯新闻发布的《中国传媒人才能力需求报告（2018）》指出，未来传媒人才仅仅掌握采写编评等基本能力是不够的，还需要掌握网络技术、大数据、跨界协作、社交媒体、经营管理等新的能力技巧，目前最缺乏的传媒人才是全面熟悉信息采集→筛选→整合→发布→维护→策划→运营等知识与技能流程的技术型全媒体人才。

依据"技术型传媒人才"的培养目标，本书构建了一个"以网络编辑系统知识为主线，以网络信息内容建设与网络媒体运营实训项目为载体，以具体任务作为驱动"的课程知识体系结构，将课程内容划分成四个子模块，每个子模块包括若干个项目载体，每个项目载体对应若干个具体任务，见图 1。

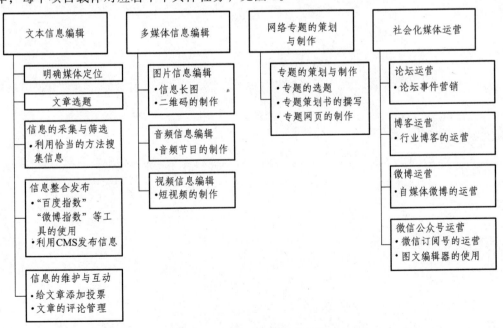

图 1　"网络编辑"课程知识体系

本书是《网络编辑实务——网络内容建设与运营》的第 2 版，仍然秉着从网络编辑的实际工作内容出发，保持了前版的基本风格及结构框架，对网络信息的内容建设与运营进行介绍。本书分为 5 章：第 1 章主要介绍网络编辑的工作内容、职位要求、未来职业发展；第 2 章介绍网络文本信息的编辑，包括信息的采集、整合、发布、维护与互动；第 3 章介绍网络多媒体信息的编辑，包括图片编辑、音频编辑和视频编辑；第 4 章介绍网络专题的策划与制作；第 5 章介绍社交媒体编辑，包括网络社区发展的简要历程，论坛、博客、微博和微信的运营推广。

本版主要更新有以下两点：

更新新媒体发展前沿动态和理论知识。

加强实践内容的比例，更加注重技术的应用。

限于时间和水平，本书内容难免有不足之处，敬请读者批评指正。

王向军

2018 年 5 月 20 日于成都

目　录

1 解密网络编辑

【章首点睛】

据中国互联网络信息中心发布的《第 42 次中国互联网络发展状况统计报告》显示，截至 2018 年 6 月，中国网民普及率达到 57.7%，规模达 8.02 亿，中国网站数量为 544 万个（统计数据不包含 ".edu.cn" 域名的网站），年增长率为 2%。[①]随着近年来通讯和新媒体技术的持续发展，越来越多的人获取信息的渠道由传统转向网络，而信息的形式由单一的文本、图片或视频转向多种信息载体融合、多种媒体平台联动。融媒体、全媒体发展趋势势不可挡。2017 年 10 月，习总书记在中共十九大《决胜全面建成小康社会夺取新时代中国特色社会主义伟大胜利》报告中，也提到要 "高度重视传播手段建设和创新，提高新闻舆论传播力、引导力、影响力、公信力"。可以预见，网络编辑人才的需求在未来几年将继续呈上升趋势，而技术型的网络编辑业务能力成为对网络编辑从业人员的新要求。

1.1 中国传媒人才能力需求

腾讯新闻全媒派于 2018 年 2 月 24 日发布《中国传媒人才能力需求报告（2018）》。报告指出，新媒体形态的革新与巨变对传媒人才能力结构提出新的要求。巨大变局之下，传媒行业希望吸纳什么样的人才？需要他们具备什么样的技能呢？报告从传媒人才能力需求、传媒细分行业人才需求、非媒机构人才需求、学界与业界专家人才观、未来传媒人才能力需求五个方面进行了数据统计与分析。

1. 从 "一技之长" 到 "多才多艺"

报告中指出，传媒人才岗位需求主要是策划、编辑、编导等岗位，不同岗位需求能力相对不同，比如同样是编辑，可能又分为文字、图片、音乐、视频、平面、客户端编辑等细分岗位。

融媒体时代需要传媒人才具备整合传播策划能力，既要擅长融合产品多形式内容生产，又要精通各种介质的融合分发，既要掌握传统新闻采写编评等基本能力，又要掌握图片、视

---

① 中国互联网络信息中心. 第 42 次中国互联网络发展状况统计报告[EB/OL]. [2018-08-20]. http://www. cnnic. net. cn/gywm/xwzx/rdxw/20172017_7047/201808/P020180820603445431468.pdf.

频编辑处理能力和编程、运营能力。"一专多能"的全媒体人才倍受青睐，全新技术岗位，呼唤员工"十八般技艺"。

2. 从"新闻传播"到"公共传播"

近年来，我国的政府机构通过新媒体向外界公众传播公共信息，两微一端①发展迅猛，对相关传播人才需求旺盛。保险、旅游、游戏、生物、时尚等社会各行各业，借助新媒体发展的便利，纷纷重视拓展传播渠道和搭建平台。高校、医院、企业等单位越来越重视自身信息传播，这方面人才需求也较高。

新闻传播业正经历从新闻传播到公共传播的转型，社会已经进入公共传播时代。一些同样具有信息收集与传递功能的社会非媒机构需要大量公共传播人才。从传统的企业内刊到当今的企业自媒体，公共传播前景无限。

3. 从"采编人才"到"全媒体人才"

此报告中提及了多位传媒业界和学界的专家的传媒人才观，都不谋而合地认为未来需要集内容、技术、运营于一身的复合型创新全媒体人才。

传统媒体不缺采编人才，缺的是运营型人才。新媒体运营必须从过去面向新闻受众的新闻采编岗位，走向面向新媒体用户的内容制作者。武汉大学新闻传播学院博士张梅贞认为，在信息爆炸的时代，要想制作的内容被关注、阅读乃至转发，就需要深谙社会化媒体平台传播的规律，在此基础上去制作内容。

清华大学新闻与传播学院的彭兰教授认为："从新闻主题的选择、新闻事实的发现到新闻的后期加工，都越来越离不开技术。所以，未来新闻传播人才培养的一个大方向就是融入更多的技术成分，提高学生们的技术素养。"

南京大学新闻与传播学院的白净教授认为传媒人才需要四个能力：叙事能力，即讲故事的能力；媒介技术能力，包括音视频、可视化设计、基础编程；媒介认知能力，了解媒介的市场与用户；自学能力。

腾讯网文化中心总监张英建议传媒人提高自己的综合能力。除了新闻专业主要的能力，在文字调查研究、采访写作、摄影、视频拍摄专业基础上，需要提高计算机动手能力，视频、音频的制作、剪辑能力，网页版式设计能力，以及把这些技能和文字表达融合的能力。

中国传媒大学的蔡翔教授认为："我们的人才需求是有层次的。第一，需要复合型的人才。第二，需要懂经营管理、懂资本运作的经营管理人才。第三，需要能够驾驭企业航母的具有国际视野的领军人才。未来人才需要懂专业、懂技术、懂经营管理、懂资本运作、具有国际视野。"②

---

① 两微一端，即微博、微信及移动客户端，传统媒体或自媒体融入新媒体平台的方式。也有"三微一端"的提法，指微信、微博、微视频和移动客户端.
② 腾讯新闻全媒派. 中国传媒人才能力需求报告（2018）[EB/OL]. [2018-02-24]. https://mp.weixin.qq.com/s/A-2ip wEGpDtgsnHuGikNQg.

【他山之"识"】技术型传媒人才培养模式探索[①]

据腾讯新闻全媒派《中国传媒人才能力需求报告（2018）》统计显示，全国681所高校开设了1 244个新闻传播本科专业点，在校本科生约23万人，在校教师约7 000人。新闻学326个，广播电视学234个，广告学378个，传播学71个，编辑出版学82个，网络与新媒体140个，数字出版13个。

伴随着传媒产业的升级，传统的新闻学或传播学专业培养的人才无论是在理论，还是在技术或业务等方面都很难满足新时代传媒业的需求，于是国内新闻与传播类院校纷纷开始探索适应网络与新媒体的人才培养途径。探索改革之路经历了从初期的在传统的新闻学或传播学等专业的课程体系中添加"网络传播""电脑编辑"等相关课程，到在专业培养目标上设置"网络新闻"或"网络传播"等方向，再到2010年教育部在本科专业目录中设置"新媒体与信息网络"（2013年修订专业名称为"网络与新媒体"）专业几个阶段。[②]综合来看，培养具备网络传播理论知识和互联网思维的复合型、应用型、技术型的全媒体人才成为各新闻与传播类院校的整体方向；在培养模式上，"文与理相结合""内容、技术与运营相结合"成为各新闻与传播类院校的共识；此外，各新闻与传播类院校普遍认识到实践的重要性，通过加大实践学分的比例，鼓励学生实践。一般有如下几种途径：

创建报社、电视台、网站、微博、微信公众号、客户端等校内仿真实训平台；

与传统媒体合作，建立校外实习基地；

与互联网公司、新媒体公司合作，联合培养学生。

如四川大学锦城学院的"网络与新媒体"专业，在课程体系设计、实践能力训练和考核方式上，非常重视学生的网络信息编辑能力、新媒体运营能力和网络技术应用能力的培养。

（一）在课程体系设计上，淡化专业界限，跨学科合作培养。

目前除了传统的新闻采、写、编、评、摄等相关课程和"新媒体概论""网络直播""网络媒介经营与管理""自媒体的分析与应用"等新媒体相关课程外，还增加实践性强的课程，特别是适应媒介融合要求的课程，如"网页前端设计""界面设计""交互设计""网络信息编辑""大数据应用""网络行为分析"等计算机技术课程。媒介技术的快速发展，培养计划也必须紧追前沿，定期更替不适应当下要求和发展趋势的课程，开设适应媒介融合需要的新课程，如VR、大数据应用等相关选修课程。

（二）在实践能力训练上，突破文科专业实训难的困境，搭建以校内仿真平台、校外实习基地和与新媒体公司合作培养三种形式相结合，构建全媒体实践能力训练体系。

1. 校内仿真实训平台。近年来，搭建起了以《锦城深瞳报》为代表的全媒体纸媒、以《青

① 王向军."技术型"全媒体人才实践能力培养模式探索[J]. 视听，2018（6）.
② 叶红梅. 我国网络与新媒体专业本科人才培养现状研究——基于134所高校专业课程设置和教学实施情况分析[J]. 东南传播，2017（2）.

年观察报》为代表的深度报道纸媒，以《文传电视台》为代表的广播电视媒体，以《夸父网》《四川民俗虚拟博物馆》为代表的网站媒体、以《零摄影》《儒学》为代表的电子杂志和以《锦彩文传》为代表的微信公众号等全媒体矩阵。部分仿真实训平台LOGO见图1-1。

图1-1　部分仿真实训平台LOGO

所谓"仿真"实训平台，指的是各平台模拟公司模式运行，平台从组织结构到业务流程都与相应社会组织接轨。平台定期选举优秀成员担任"社长""台长""站长""总编辑""总经理"或各部门主管，公司项目从初期策划到后期运营均由成员完成。校内实训实行文学与传媒学院全生覆盖，并且与学分挂钩。学生参训时间为两年，考核合格者准予结业，考核不合格的学生须参加补训，直到合格。另外，学院为每个平台都配备指导老师，指导老师队伍中，有高学历、高职称的学业专家，也有深厚媒体经验的行业专家。

2. 校外实习基地。校外实习实训是学生将知识转化为能力，从教室走向办公室的重要步骤，建立有效的校外实习基地是应用型大学发展的必由之路。截止到2017年12月，四川大学锦城学院文学与传媒学院先后与四川经济日报、中央人民广播电台四川记者站、四川党建期刊集团、成都市虚拟现实科技有限公司、宜宾新闻网等五十家省市级媒体或企业建立了"教学实习就业基地"。学生到这些单位实习时得到经验丰富的"师父"指引，进步很大，企业反映实习的同学上手快，能独立完成如网站频道的建设、专题新闻的策划和采编、新媒体的维护运营等工作。

3. 与新媒体公司合作培养。为进一步解决网络与新媒体专业的同学在实战经验方面的欠缺，四川大学锦城学院文学与传媒学院与"今日头条"旗下的"头条学院"共同开展"头条学院新媒体定向班"在线教育项目，"头条学院新媒体定向班"是以微信群和"好好学习"APP为平台的移动课堂，集移动互联行业讲座、新媒体运营实战训练、推荐实习及校园招聘于一体。定向班讲师来自于各媒体行业经验丰富的人士、知名自媒体或成功转型新媒体的资深媒体人，参与的学生自己运营头条号，边学边做，学生所有练习的数据在平台都可以得到追踪和反馈，便于学院快速了解学生学习进度和成绩。文学与传媒学院就将其纳入选修课，需要学生修满一个学分。目前头条学院新媒体定向班已开设四期。

（三）在考核方式上，推行实践性毕业论文制度。

鼓励毕业生以实践作品代替毕业论文，作品可以是毕业生公开发表的一定数量或字数的作品，也可以是获得省级以上奖项的调查报告、科研论文或音视频作品，或者是取得一定社会认可或收益的网站、微信公众号、电商平台等新媒体产品。

1.2 网络编辑

1.2.1 网络编辑行业概况

1994 年 4 月 20 日，NCFC（The National Computing and Networking Facility of China，中国国家计算机与网络设施）工程通过美国 Sprint 公司连入 Internet 的 64K 国际专线开通，实现了与 Internet 的全功能连接。从此我国被国际上正式承认为真正拥有全功能 Internet 的国家。经过二十多年的发展，互联网产业已经成为信息产业格局中的一支新兴力量。中国互联网络信息中心（CNNIC）于 2018 年 8 月 20 日发布的《第 42 次中国互联网络发展状况统计报告》显示，截至 2018 年 6 月，中国的网站数量为 544 万个（数据中不包含."edu.cn"域名的网站），互联网发展重心从"广泛"转向"深入"，网络应用对大众生活的改变从点到面，互联网对网民生活全方位渗透程度进一步增加[①]。

新行业需要新型的人才，于是网络编辑这一新兴职业伴随着我国互联网行业的形成与发展应运而生。2005 年 3 月，原劳动和社会保障部公布了"网络编辑员"这一新职业，同时发布了国家职业标准。该标准中定义网络编辑是"利用相关专业知识及计算机和网络等现代信息技术，从事互联网内容建设的人员"[②]。

这一定义从不同的角度看有不同的含义。从网络信息生产角度来界定，广义的网络编辑是指所有在互联网环境中，利用网络应用技术进行网络内容建设活动的人员，包括在互联网中发布信息、传播信息的网民与网站中专职的编辑人员；而狭义的网络编辑专指后者，即各网络媒体中专职从事互联网内容建设的人员。本书中所提到的网络编辑，为狭义的网络编辑。

《四川大学锦城学院文学与传媒学院企业岗位需求调研报告》对网络编辑岗位描述如下：网络编辑是网站内容的设计师和建设者，通过网络对信息进行收集、分类、编辑、审核，然后通过网络向世界范围的网民进行发布，并且通过网络从网民那里接收反馈信息，产生互动。其工作流程大体包括：日常内容采编、合理的内容编排、自我原创、信息审核、信息把关、网站策划等[③]。

可以看出，网络编辑既是网络信息的加工者、整合者，又是组织者、发布者。原劳动和社会保障部界定网络编辑的主要工作内容包括：

采集素材，进行分类和加工。

对稿件内容进行编辑加工、审核及监控。

撰写稿件并运用信息发布系统或相关软件进行网页制作。

组织网上调查及论坛管理，进行网站专题、栏目、频道的策划及实施。

虽然原劳动和社会保障部公布了"网络编辑员"的国家职业标准，并界定了网络编辑的主要工作内容，但互联网技术的迅猛发展，推动着网络媒体形式的变化，网络编辑的工作内

---

① 中国互联网络信息中心. 第 42 次中国互联网络发展状况统计报告[EB/OL]. [2018-08-20]. http://www.cnnic.net.cn/gywm/xwzx/rdxw/20172017_7047/201808/P020180820603445431468.pdf.

② 人力资源和社会保障部. 网络编辑员-职业概况简介[EB/OL]. http://ms.osta.org.cn/.

③ 四川大学锦城学院文学与传媒学院.企业岗位需求调研报告. 2017 年 6 月.

容、方式也不断在更新。

如今在我国主要的网络媒体中，网络编辑的工作特点是什么？具体工作内容是什么？一名合格的网络编辑应该具备怎样的职业素质？应该具备哪些职业能力？在新媒体时代如何做好一名网络编辑？这些都是亟待研究的问题。

1.2.2 网络编辑的职业特点

网络编辑作为一种职业，存在时间不长，因此它的工作内容、任职要求、职业发展方向等都还有很多不确定性。但这些不确定性也正是很多人选择网络编辑作为职业的原因。因为在互联网新媒体的世界里一切都在变化，工作充满了新鲜和挑战，能让人不断学习和成长。网络编辑的职业特点也和这个领域不断自我更新的性质分不开。

1. 新媒体前景广阔

中国新媒体应用和研究已有 20 余年，从各类新媒体应用服务技术与社会化应用、新媒体与传统媒体融合、新媒体商业及盈利模式的创新、新媒体自身营销价值的提升，到新媒体促进主体文化的包容和开放，新媒体已日益广泛地渗入人类社会生活，成为人们的生活方式。新媒体已然发展为极具发展活力与潜力十足的前景产业。[1]

2. 对人才综合能力要求高

传统媒体在经过长时间发展后分工已经非常明细。以报社的操作模式为例，文字记者只负责文字稿的撰写，图片拍摄与后期剪辑由摄影记者负责，稿件的编辑更是有专业的编辑操作。而对于网络编辑而言，文字稿的撰写、图片的拍摄收集，甚至音频、视频、网页的制作通常都需要一个人完成。

不仅如此，除了发布文章外，网络编辑的工作还通常包括策划社区活动、推广网站内容、分析网站数据等。这已经远远超出了一个传统媒体里的文字记者或杂志编辑的工作内容，需要从业人员具备市场营销、推广、数据分析等综合工作能力。

3. 知识更新快

由于网络技术的不断更新，网络产品形态也以惊人的速度迭代发展。从 Web1.0 门户媒体时期到 Web2.0 社交媒体时期[2]，网络编辑的工作内容已经发生了相当大的改变。每一次产品形态的升级，都要求网络编辑学习相应的知识和技能，而且这种知识的更新速度也大大快于其他行业。这就要求网络编辑在工作中保持空杯心态，随时挑战自己、学习新东西，否则就容易被行业所淘汰。

---

[1] 童清艳.新媒体现状及未来媒体发展趋势的分析研究——用户自主传播的媒体创意效应[EB/OL]. 人民网.[2017-04]. http://media.people.com.cn/n1/2017/0406/c411992-29193037.html.

[2] Web1.0 时期的特点是：网站的工作是内容搬运，即将报纸、电视等传统媒体的内容搬到网上，比如没有评论功能的新浪新闻（很久以前是没有的）。Web2.0 时期的特点是：以网站作为平台，内容由用户自发生产和组织，以论坛为代表，博客/个人空间、微博、微信等形式都可以看成是论坛的变形。更多内容请参考 5.1 节"我国网络社区发展的简要历程".

4. 工作压力大

和报纸杂志、电视广播不同，网络媒体在历史上首次突破了版面和时间的限制。只要网站服务器空间足够，理论上信息可以无限量、24 小时地上传至网站。在网络媒体时代，每一家机构都在求新、求快。媒体发布信息的频率不再是以月、以天或以小时更新，而是发展到以分钟更新，实现了真正意义上的"争分夺秒"。这一特性给网络编辑的工作带来了压力和挑战。因为从业人员需要随时待命，紧跟新闻事态的进展。网络编辑在工作节奏上，的确比传统媒体更快。

1.2.3　网络编辑的角色定位及职位要求

正是由于以上工作性质，网络编辑的角色定位可谓是一个"综合体"。它集合了多种不同职位的工作内容于一身，细数起来至少包含以下几种：

记者：尤其是报纸、电视台的记者。因为网络编辑也常有采访需求，并需要撰写文字稿件，编辑图片、音频或视频短片。

编辑：类似杂志编辑。因网络编辑需要审核、修改网络稿件，而且主编还需要筛选稿件。

策划：因为网络编辑需要策划并组织网络社区在线活动。

市场营销：因为网络编辑除了制作内容、组织活动，还需要将内容与活动进行推广。

半个技术人员：因为网络编辑需要熟练操作 CMS（Content Management System，内容管理系统）、Dreamweaver、Photoshop 等软件，并应对 HTML 及 CSS 代码有一定了解。

从以下两则网络编辑的招聘广告具体任职资格中，我们可以进一步了解目前业内对这个职位的能力要求。

【案例 1】腾讯招聘

招聘职位：新闻哥原创策划编辑

工作职责：

负责新闻哥栏目的原创策划、选题工作

岗位要求：

文笔好，爱码字。专业不限，会写诗、写剧本、写段子、写情书等优先。

会吐槽，说话风趣幽默，能做娱乐性内容。

脑子活泛想法多，不怕你天马行空，就怕你只会复制。

逻辑思维好，看问题能抓住本质。

爱泡社交平台，见多识广。

有 PS 专业水平、视频制作能力者优先。

具有两年以上工作经验。

【案例 2】外滩画报"外滩 Daily"招聘

招聘职位：新媒体策划编辑

工作职责：

外滩画报新媒体客户端内容策划及编辑。

与主报编辑部配合，完成新媒体重点栏目、专题的编辑及制作，提升流量。

协助新媒体运营主管，为新媒体产品升级提供内容和功能上的建议。

配合客户端，完成部分品牌推广工作。

岗位要求：

大学本科学历，新闻/传媒/语言类专业，热爱新媒体，有良好的新闻敏感性和文字功底。

熟悉网络新闻传播特点（熟悉 HTML 语言者优先），有至少两年网络媒体编辑工作经验，有移动互联网客户端操作经验者优先。

思维敏捷，愿意创新并能承受工作压力。

性格开朗，有良好的团队合作精神和服务能力。

总的来说，目前网络编辑应该具备的工作技能包括：

多媒体信息（文字、图片、音频、视频）的采编能力：视具体任职网站而定，但合格的文字功底是必备的基础。

活动策划、市场推广能力：社区类网站对这种技能尤其看重。

基础技术知识：至少应能熟练操作相应软件，如 Dreamweaver、Photoshop 等，并懂得网络产品的架构原理，否则难以和技术部门沟通。

沟通能力、抗压能力：网络公司跨部门合作频繁，一个人单打独斗也可以完成工作的时代已经过去了，所以沟通能力和抗压能力这种软性实力也对网络编辑的工作至关重要。

数据分析能力：和传统媒体不同的是，网络编辑的大部分工作效果都可以被监测和量化，比如文章浏览量、新用户注册量等。这也要求网络编辑能对网站数据加以分析，并制订出相应的工作方案。

1.2.4 网络编辑的未来职业发展

因为是新兴行业，且职位本身对人才的综合能力要求较高，所以网络编辑的职业发展道路可谓多种多样。从任何一种细分的工作入手，深入学习，都可能走出一片新天地。就目前网络公司的大致情况来看，一个网络编辑通常有以下几条发展道路：

1. 普通编辑→资深编辑→频道主编→主编

如果一个新人从入职开始就一直从事文字编辑的工作，那么很有可能他/她会走专家路线，一路成长为资深编辑、频道主编，最后成为整个网站的主编。这是一条比较传统的网络编辑晋升路线。

2. 运营专员/策划、推广专员

随着 Web 2.0 时代的全面发展，社区类的网站以及移动应用越来越成为网站主流。这一类型的网站需要网络编辑具备更强的活动策划与市场推广能力，而对 Web 1.0 时期的文字编辑能力要求较少。现在已经有很多网站将网络编辑的职位改称"运营师"或"运营专员"，所以这也是目前比较普遍的晋升道路。

如果网络编辑在工作中表现出较强的市场敏锐性，且具备不错的撰稿能力和策划能力，也可能被市场部或公关部吸收，成为策划和推广专员。此时网络编辑的工作内容将不再是为网站提供信息，而是转为推广网站本身或网站产品。

3. 产品经理

网络编辑通常是一线与用户接触的人，所以对用户需求的把握相对来说也是最准确的。如果一个网络编辑在工作中具备较好的技术基础、优秀的数据分析能力，且沟通协调能力突出，他/她也可能成长为产品经理。这个职位要求和技术部门密切配合，开发符合用户需求的网络产品，是近年来炙手可热的新兴职位。

4. 自媒体创业

随着微博、微信公众号、今日头条等新媒体平台的发展和成熟，越来越多的专业媒体人士投入到自媒体阵营。自媒体行业近年来呈现出媒介生产内容专业化、组织机构化、商业模式稳定化等特征。

为便于理解，表 1-1 所示对网络编辑的岗位分类及进阶路线进行了详细罗列。

表 1-1 网络编辑岗位分类及进阶[①]

大类	分类	细分类	岗位	一级	二级	三级	四级	五级
网络	文案及策划	文案	网络编辑	网络编辑员		助理网络总编辑师		网络总编辑师
			记者	助理记者		记者		
			网络写手					
			网络推手		网络推手			
		策划	新闻编辑					策划主管、策划经理
			传播策划					
			视频策划					
			数值策划			策划员		
			资源管理策划					
			任务策划					
			功能策划					
			游戏策划					
		督察	督察员			督察员		

---

① 邹广严. 大学生就业岗位调查报告[M]. 2 版. 北京：科学出版社，2018.

大类	分类	细分类	岗位	一级	二级	三级	四级	五级
移动媒体	媒介监测	网络媒体监测			网络媒体监测员		网络媒体监测师	
		平面媒体监测			平面媒体监测员		平面媒体监测师	
	推广	品牌传播	品牌传播		品牌传播文案		品牌活动部经理	
		渠道推广	渠道推广		渠道推广员		渠道推广经理	
			媒体关系		媒体关系专员			
	手机新媒体及其他	记者	记者		记者			
		编辑	文字编辑		编辑			主编
			美术编辑		美术编辑			
			策划		策划员			
		管理	管理					部门副主任、部门主任

1.2.5 网站编辑部的组织架构

根据网站规模大小、所属行业及职能不同,其编辑部门的规模与组织架构也有较大差别。大型门户网站,如新浪、网易等,编辑部门可能有几百、上千名从业人员;而小型网站,如企业下属的网站,则可能只有几人,甚至一个人就管理着整个站点。但总体来说,编辑部门的职能就是负责网站的日常更新与运营。具体的工作内容可能包括信息发布、专题制作、活动策划组织、网友关系维护等。

通常大型网站会根据自身业务内容细致地划分职能部门。以某大型门户网站为例,其编辑部的构成如图1-2所示。

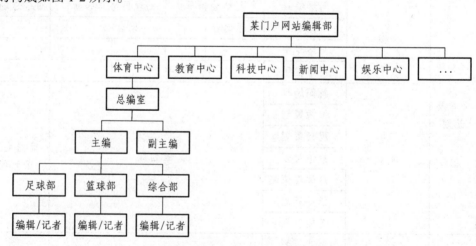

图 1-2 某大型门户网站编辑部的构成

从图1-2中我们可以清楚地看到整个编辑部按照不同频道划分为不同中心,如新闻中心、教育中心、科技中心等。在每一个频道中心下设总编室,总编室由主编和副主编共同运作。

他们的工作任务通常包括：领导和管理本部门的日常业务工作，监督日常网站内容更新，组织重大选题的策划与报道，协调本部门与其他部门的工作安排与合作，联络外部合作，招聘和培养下级编辑等。

在总编室下，根据本部门业务划分出具体的职能小组，如足球部、篮球部、综合部等。每个小组可能还会设立小组负责人，负责人通常由从业时间较长的资深编辑担任。负责人的工作包括：维护本栏目/频道的日常更新与运营，监督和审核普通编辑所发布的文章，根据主编的要求组织策划专题和采访，协助主编处理与其他频道/中心的合作，具体培训或指导普通编辑日常工作等。如果网站是综合性网站，除了门户平台还同时具有配套网络社区，或第三方平台账号（如微博、微信等），小组负责人还需要协调本组资源，同时维护上述平台。

小组负责人之下还有大量普通编辑和记者，他们负责开展具体业务，是网站架构中的一线员工。这也通常是新人进入网站后的第一份职位。普通编辑的工作是在小组负责人的指导下负责每日一定量的内容选编、外出采访、组稿与外联，也同时负责网络社区活动策划、与网友沟通交流，组织网友团队，还可能负责网站第三方平台账号的内容更新、网友调查等。通常普通编辑都是"多面手"，除了文字编辑外，还需要懂得简单的图片编辑、音视频编辑和网页代码的撰写。当然如果业务复杂程度较高，网站也可能为编辑部专门配备设计师和前端程序员。但通常的做法都是在编辑部门有需要时，临时从技术部门调配人手，完成短期任务。

除了按照内容划分，有的综合性网站也会根据业务性质的不同划分职能部门，如图 1-3 所示。

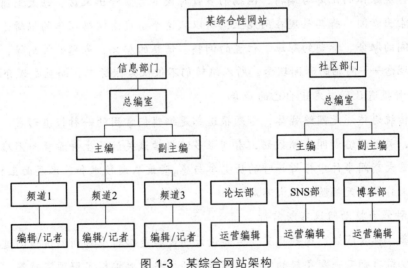

图 1-3　某综合网站架构

从图 1-3 我们不难发现，该网站将传统门户网站的信息部门保留，结构不做更改，但将网络社区运营的工作单独细分出来，成立了专门的社区部门。在社区部门中一样有主编和副主编的职位，他们的具体工作和信息部门类似，也包括领导和管理本部门的日常业务工作，协调本部门与其他部门的工作安排与合作，联络外部合作，招聘和培养下级编辑等。有区别的地方在于网络社区的日常工作以策划活动、管理网友为主，所以主编与副主编不再具体审核文章与专题，而会将更多的精力放在如何刺激社区活跃程度、增加网友黏度上。

在总编室下，不再依照频道内容的不同，而是按照社区平台的不同划分小组。图1-3中反映该网站有论坛、SNS社区、博客三种社区产品形态，所以分为三个小组。如果是更大规模的网站，可能还会具备微博、问答等产品，那么小组还将继续扩展下去。

每个小组同样需要在负责人的领导下工作。工作内容包括：监控网友言论，策划社区活动，组织网友团队，维护用户关系，反馈社区产品 bug，甚至还包括与产品经理共同改进社区产品，提出新产品构想等。

总体来说，Web 1.0 时期的网站架构相互有类似之处，但与 Web 2.0 时期的架构则截然不同。并且同为 Web 2.0 时期的网站，根据具体业务不同其编辑部的架构也可能大相径庭。这与新媒体的整体性质一致，一切都处于变化当中。具体如何构建编辑部架构，还要依据网站自身的业务发展而定。

【他山之"识"】网络编辑工作感想

【案例1】网络编辑工作体会[①]

1. 有一种理念让网编不仅是搬运工

区别于传统媒体的记者与编辑，网编们多数时候不需要外出采访，每天到岗首先要做的就是快速搜索出新闻，将其呈现在网站上，所以从这个角度看网络媒体的编辑们确实是搬运工。但是新闻的取舍、标题的雕琢、位置的调整、信息的整合、专题的策划等，都传递着编辑们的新闻理念——网站的新闻理念，所以编辑们不仅仅是搬运工，而且是媒介把关人。

2. 有一种报道让网编发出自己的声音

不论是传统媒体还是网络媒体，专题报道都是编辑们常用的一种报道形式。从业了几年的网络编辑，关注网络新闻专题策划，看到很多编辑尝试关注民生并希冀为困难群体呐喊，勇于享受在重大新闻事件中振臂一呼的历史参与感，尝试从新技术和艺术层面上打开突破口，以自身努力来弥补先天经验的巨大不足。

3. 有一种能力推动网编不断前行

稿件取舍、标题修改、选题提交、专题设计的过程是编辑感知新闻价值的过程。新闻敏感的根本需要编辑拥有一颗年轻的心；新闻敏感的捕捉需要编辑了解国家政策，勤于观察生活，体察民意；新闻敏感的提升需要编辑能够十分迅速地捕捉事物正在或即将发生的最新变化，能从纷繁复杂的事物中判断和选择出有传播价值的变化，不拘泥于某种固有的思维模式和工作思路。

---

① 师静，王秋菊. 解密网络编辑[M]. 济南：山东大学出版社，2010.

【案例2】"在人间"实习的这半年①

成为图片编辑后，我收获了一种看待故事的新视角——影像。

1. 并不完美的开始

"你的出发点，大体方向都是对的，但文章的节奏有问题。"开始工作不久，娜娜子（在人间的编辑姐姐）对我写出的图片故事多次提出过这样的修改建议。也许是非科班出身的缘故，在大学生涯里，我按照自己的喜好去读书、写作，偏安一隅，杂乱琐碎又自以为是地努力着，像一棵肆意生长的藤蔓，而这一切也"忠实"地反映到我编辑的图片故事之中。

但"在人间"的实习经历则意外地帮我理顺了处理事情的思路——抓住最重要的信息，大胆砍掉不必要的藤蔓，努力去呈现一个全面而精致的故事。

2. 一种迷茫

工作之初，从早到晚我的生活几乎被工作填满了——找选题，找资料，翻译，编辑，写网稿，排版，一遍又一遍地改稿子。不足两个月，当我抬头看向窗外，发现景物开始模糊起来。与景物一同模糊的还有我对未来的思考。有那么一段时间，我感觉自己编译出来的图片故事总是缺了点什么。而写作又是一件既耗费心力又需要灵感的活计。

3. 一份坚持

2月末，凤凰网年终总结会在北京的一家小型俱乐部内举行。听着不同部门负责人讲述自己的主要工作内容，我同时感到一种宏大和一种渺小。原来自己日日所躬耕、忧心的这片田地只不过是小小的一部分。

"在这样的年代，说初心似乎是有些俗了，但我想坚持些什么还是有意义的，我们会继续坚持下去。"主编羊羊羊在台上为"在人间"原创栏目这一年的成就做总结。在鸡米花的香气中，这句淡而有力的话语给了我一点点关于未来的力量。

4. 一种平衡

"慢下来，我们要把一篇微信文章做成精品，做出杂志的质感。"一篇图片故事，不仅需要特稿一样顺畅的文字，更加不能忽视的是图片的力量。最开始编写图片故事时，我仍然顺着文字的角度，图片只是我笔下文字的配角。

但事实上，图片编辑的一个重要任务就是去平衡这两种力量——图片和文字的力量。一组情节跌宕，画面刺激的人物组图中隐藏着日常生活的哀乐，而在一组有关亲情或成长的家庭相册中也有着超乎于平凡生活的诗意时刻。抓住这些，一组图片故事就拥有了灵魂。

5. 终章

作为一名图片编辑，一个故事的讲述者，我不能创造或改变别人的故事，只能看见。但在这看见的过程中，我的人生轨迹也悄然地发生了改变。大半年时间倏忽而过，我已体会过这份职业会带给我的各种酸甜苦辣，对这份职业的喜爱也变得更加真切。

---

① 梦遥遥. "在人间"实习的这半年[EB/OL]. [2018-01-24]. 在人间 living. https://mp.weixin.qq.com/s/0pAtGkQlIF xy29tQ2 TEcfg.

【思考与练习】

1. 网络编辑应具备和不断完善哪些基础技能来顺应时代潮流？

2. 结合专业或自身经历，谈谈你从《中国传媒人才能力需求报告（2018年）》中获得的对你未来发展的感受。

2 网络文本信息编辑

【章首点睛】

对文本信息的编辑是网络编辑工作中重要的一环。虽然依据网站主营业务的不同，网络编辑们会处理不同的材料，比如视频类网站的编辑会以编辑视频为主，音乐类网站的编辑会以编辑音频为主等等，但对于大部分的网站而言，对文字内容的编辑都是必不可少的。

文本信息编辑的工作流程，可以按照先后顺序大致分为以下四个步骤：文章信息的选题、信息的收集与筛选，信息的整合与发布，信息的维护与互动。如图 2-1 所示。

图 2-1 文本信息编辑的工作流程

我们将在本章中依照文本编辑的工作流程，重点探讨文本信息的编辑技巧。其内容包括文章的选题、信息的采集、标题的撰写、关键词设定、内容编撰以及和文本编辑相关的搜索引擎优化等。

2.1 明确定位及文章选题

2.1.1 明确定位

网络编辑在开始着手一切工作前，首先要明确的是你负责的网站或版块的定位，可以从内容、形式、风格三个方面进行判断。

1. 内　容

网站的内容可以从网站的基本类型来进行初步判断。根据网站的主营业务我们将网站划分为以下几个类别。

1）资讯类网站

资讯类网站包括提供某一垂直领域内容为主的网站和提供综合性信息或服务的门户网站，前者如以发布科技类文章为主的果壳网（http://www.guokr.com/）和以发布外语学习类资料为主的沪江网（http://www.hujiang.com/）等。后者如新浪、腾讯、网易、凤凰网等目前比较知名的中文门户网站，这些网站又包括新闻、娱乐、科技、体育、教育、财经等若干资讯版块以及邮箱、搜索引擎、个人主页等服务。网络编辑可以根据自己所负责的网站，特别是所属的具体栏目来明确自己所需要发布的内容。

2）企业网站

此类网站的建站目的主要是宣传企业品牌形象，它们通常是线下实体企业在互联网上的宣传窗口。有的企业网站面向普通消费者，为客户提供咨询、在线购物等服务；也有部分企业属于上游企业，它们所面对的消费者更多的是下游其他企业，因此网站的浏览用户希望通过网站了解更多该企业的业务，再进一步联系、洽谈。企业网站内容通常包括企业介绍、业务范围、最新动态、联系方式、产品及价格等。如图 2-2 所示。

图 2-2　西南交通大学出版社官网

3）政府或机构网站

政府或机构网站的主要目的是服务公民、提供信息。常见的政府网站如教育局网、人事网、地方社保局网、交警网等。网站通常会发布相关政策信息、政府公告并提供咨询和查询服务等，如图 2-3 所示为成都市人民政府网首页。

政府网站域名中一般含有".gov"，非盈利组织机构网站域名中一般含有".org"。

图 2-3　成都市人民政府网

4）电子商务网站

常把电子商务网站分为 B2B（商家对商家，如阿里巴巴）、B2C（商家对消费者，如苏当当、亚马逊、京东等）、C2C（消费者对消费者，如淘宝、闲鱼等）三类，这类网站的内容以商品信息为主。

5）社交类网站

社交类网站的特点是 UGC（用户生产内容），在人人皆是媒体的环境下，也催生了很多优秀的自媒体，这些自媒体的内容千差万别，主要依据创建人的兴趣或专业建设。其常见的内容包括学术观点的发布，对热点事件的评论、个人文集的撰写、情感的抒发等。一些运营成功的自媒体，也有大量的粉丝和访问量，从而吸引相关行业的商家投放广告，带来收益。

2. 形　式

在明确了网站类型后，网络编辑就可以清楚地了解自己网站所属的性质，以及对信息的要求。在此基础上，我们还要通过网站内容的形式进一步明确定位。

网络信息的形式包括图文、音频、视频、游戏等。如凤凰网"在人间"频道的形式是图集，"一条""二更"的形式是短视频，而"喜马拉雅听"的形式是音频等。

3. 风　格

网站的设计风格是一种综合体验，除了能从内容的表达上感知是幽默的还是严肃的，是诙谐的还是稳重的，甚至还能从网站字体、主色调、文字间距、图片、广告类型等识别出这些情绪。以豆瓣网（http://www.douban.com/）为例，整个网站以绿色和灰色为主色调，文字间距大、留白多，所以给人的感觉很清爽。这也正符合网站的受众定位：年轻人群体，偏好文艺气息。再比如在优美图网站（http://www.topit.pro/）上，我们可以发现大部分广告都是女装、小饰品或零食，如图 2-4 所示，因此可以判断该网站的受众多为年轻女性。

图 2-4　优美图网站（右侧小图为网站广告）

2.1.2 文章选题

对于网络编辑来说，内容的选题是很重要的工作，如果选题不好，后面工作再完美，也是收效甚微。对选题的判断可以依据"可读性""侧重点"和"信息增量"三方面进行评价。

1. 可读性

可读性直接关乎这一篇文章能否吸引更多人阅读，能否形成最广泛的传播。一篇文章或者具有故事的奇特性，或者能解决读者的可能遇到的切实问题，或者能够引发读者各种各样的情绪，又或者引起读者对某个事件的评价。因此，可读性可从以下因素考量：

1）实用性

文章中的人物或元素是否与读者紧密相关？是否影响到了读者的生活？这篇文章能否解决读者切实的问题？

例：《"相互保"吸引900万人加入专家：无法替代重疾险》在"相互保"产品刚面世的几天，对产品运作模式、加入方式、分摊风险等做了一个介绍，能给准备为自己或家人购买补充商业险的人提供一些参考意见。[1]

2）趣味性

现在都提倡"悦读"，即快乐的阅读。趣味性是吸引关注非常重要的一点。

例：《北京地铁生存攻略》以作者号称"多年挤地铁的经历"，加上北京地铁图、地铁车厢数、门数、座位数、车厢容量等各种"无厘头"的数据分析，得到"如何才能科学优雅地在北京挤上地铁、找到座位"的方法论，让读者在轻松愉悦中完成阅读。[2]

3）共鸣性

即引发读者的情绪，切实戳中了读者的痛点。比如讲一个悲伤的故事，引起读者的同情心；讲述了一个励志的故事，引发了读者的热血；讲述了一个不公平的现象，引起了读者的愤怒。

例：《我的爱人》讲述了作者与爱人从结婚，爱人怀孕、生产、育儿过程中的点滴记录，情感细腻，引发读者的情感共鸣。[3]

4）奇特性

读者天生对奇特的事情感兴趣，很奇特或神秘的事情天然会吸引人眼球。

例：《马王堆女尸因何千年不腐？从人类学看香味与文明的纠缠》这篇文章讲述了早期人类文明史上香代表的神圣的意义，古代贵族们对香的迷恋，香料的防腐作用等。文中列举古今中外文学、历史、影视中众多案例，让人觉得很奇特。[4]

---

① 中新网. [2018-10-24]. http://www.chinanews.com/m/cj/2018/10-24/8658338.shtml.

② 毕导. [2018-05-31]. https://mp.weixin.qq.com/s/KN8cyxr5qtjmQjjBykzEGQ.

③ 石川. [2017-08-28]. http://news.ifeng.com/a/20170828/51781252_0.shtml#p=1.

④ 骊姐的人类学之眼. [2016-11-17]. https://www.toutiao.com/a6353788954596344066/.

2. 侧重点

不同文章可读性的因素的侧重点又略有不同，只有抓住了不同侧重点的关键，才能让文章的可读性更高。

1）明确服务对象

首先要了解你是帮谁解决问题，比如说育儿的文章，你虽然写的是儿童，但是你面对的服务对象是父母，那么你所有的育儿文章肯定要从父母的角度去思考。再比如老年人保健的领域，那么一定要从子女的角度去思考问题，而不是单纯的从老年人的角度去思考问题，因为关注老年人保健的群体，很大部分都是子女。脑白金就是一个成功的案例，他们没有宣传疗效，而是宣传给爸妈送礼这个点。

2）具体化

具体化能让读者轻易的对号入座。

例：标题《年纪大了，身体就会变差》就没有《到 50 岁，你的身体就会出现一个从未出现的东西，那就要注意啦》具体。"年级大"，多大算大？有的人四十多岁了还能评先进青年呢。有的人三十多岁就自称"老阿姨"，而后者把年龄具体到"50 岁"。"身体变差"也是个模糊的概念，而"出现了一个从未出现的东西"就相对具体，让读者很容易对号入座。

3）亮出价值观

通过价值观的共鸣，来跟读者建立联系。

例：《同事老是让我无偿帮忙，我该怎么办？》讲的是职场中总有些人爱麻烦别人，理直气壮地让人帮忙，并且认为这是理所当然的。这篇文章是能跟读者产生联系的，但是他没有亮出价值观，大家还是不知道该怎么做。而《职场中，你要懂得如何学会勇于说，不！》就非常清楚地亮出了他的价值观。

4）题材新颖

例：《这三个星座脾气大爱炸毛，但就是有人爱》[1]《遂宁一金毛犬横穿马路撞倒骑车女子，犬主人被判赔付 2.6 万！》[2]等，连题目都给人一种出乎意料的感觉，一下子就吸引了读者的注意力。

3. 信息增量

信息增量主要体现在以下四个方面。

---

① 同道大叔. [2018-07-05]. https://mp.weixin.qq.com/s?__biz=MzAwMDAyMzY3OA==&mid= 2664464100&idx= 1&sn=ad80c18ab3a7d0f6edf99b7ba8ebb696&chksm=81cb93f5b6bc1ae33775758db79c088f2727ef32172f8 850016b7395f99842e4c403de217d23#wechat_redirect.

② 遂宁之窗. https://mp.weixin.qq.com/s?__biz=MzAxMjk1MTMyOQ==&mid=2247507716& idx=1& sn=ba15685391a1c56afccff43f3d99398c&source=41#wechat_redirect

1）速　度

网络新闻特别是移动互联网时代的新闻，通常以秒来计量发稿时间，速度是第一生命力。跑得快的人才会赢，"第一"意味着头部的流量。

2）角　度

对同一事件的不同看法，尤其是针对所有媒体都正在关注的热点事件，你选择什么样的角度切入，往往决定了你能否独占鳌头。

3）高　度

能够把事件上升到某一种现象，并分析规律，趋势。

4）深　度

网络未必是传播深度报道的主要载体，但追求深度应该是所有媒体人的终极目标，深度报道要把报道的重点从前四个 W（Who，When，Where，What），转移到 Why。

2.1.3 【实践任务】寻找热点选题

选题的原则除了上一节说到的"可读性""侧重点"和"信息增量"三方面外，结合热点也是网络编辑最常用的手段之一。查看热点比较常用的工具有百度搜索风云榜（http://top.baidu.com/）、微博热搜（http://s.weibo.com/top/summary?cate=realtimehot）、搜狗搜索（https://www.sogou.com/）、爱微帮（http://www.aiweibang.com/）、新媒体管家营销日历（https://calendar.xmt.cn/）等。本节以爱微帮为例，简单介绍热点选题的工具。

爱微帮是一个专注于新媒体服务和智能传播的平台，新媒体运营人员可通过"微榜数据"了解到当前行业中最有影响力的微信公众帐号和热门文章；通过"爱微帮助手"运营工具管理多个公众号帐号，素材文章一次编辑多处发送；通过"选题素材"中的"每日热点"对近期热搜词条、新闻事件等进行整合。如图 2-5 所示，爱微帮"每日热点选题"版块做了超详细的整合，对每个热点事件作了分类和介绍，提供热搜词条、节日话题、未来头条、明星生日、新闻热点词汇等多方面的资料参考。

如图 2-5 下方的"新闻热点"词汇云，显示了 2018 年 7 月 6 日近期有美国对从中国进口的商品加征 25%关税、中美贸易战、泰国普吉岛沉船事故、《我不是药神》电影上映等热点。点击关键词，可以打开互联网媒体对此事件的相关报道列表页面。

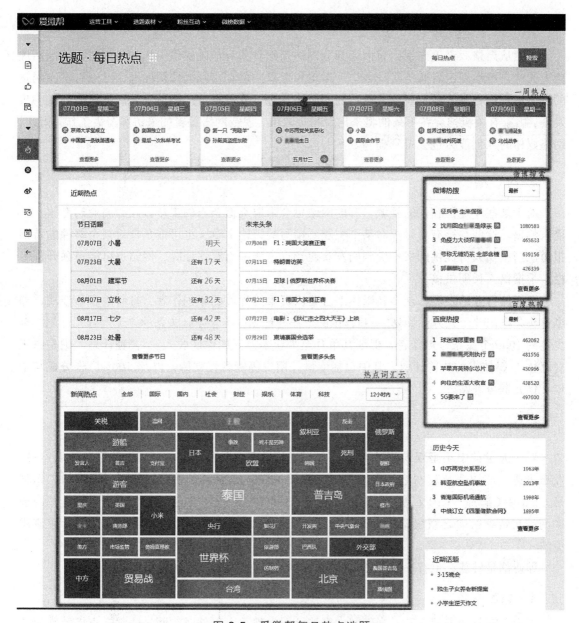

图 2-5　爱微帮每日热点选题

2.2　信息的收集与筛选

2.2.1　常见信息来源

在明确了网站定位以及文章选题之后，网络编辑就可以开始着手收集信息了。以下是几种常见的信息来源。

1. 采访/实地调查

虽然从严格意义上来说，目前大部分网站还不具备和传统媒体一样的采编资质，因而理论上无法自行组织记者队伍实地采访、编辑和发稿。但在实际操作层面上，已经有不少网站的娱乐版、体育版、教育版等非政治内容版块在进行原创报道。相信随着网络媒体的进一步发展，国家有关机构会在不久的将来出台相关政策，规范网络编辑的采访和写稿工作。借此，网络媒体的原创能力也会得到提升。

2. 约　稿

对于某些专业性较强的领域，有的网站也会采取类似杂志的工作方式，向业内专家、撰稿人约稿。这些约稿有时是针对某个主题所撰写的评论文章，也可能是针对某个事件的特别报道。当撰稿人所提供的文章受到网友欢迎，点击率一直有保证时，网站也可能单独开辟专栏，请撰稿人长期供稿。

自媒体行业的发展，众多新媒体平台花巨资重奖优质的原创作者，打起内容争夺战，如今日头条推出"千人万元计划"和腾讯的"芒种计划"等。今日头条的"千人万元计划"至少签约1000个头条号创作者，保证其单月至少获1万元的保底收入。"芒种计划"则是腾讯对媒体/自媒体人的扶持计划，其中包括流量、用户等资源性支持，以及100%广告分成与全年2亿元资金补贴。

3. 转　载

对于大量的中小型规模网站而言，"转载"是主要的信息采集方式。此类信息获取容易、发布迅速，能快速补充网站内容。甚至在很长一段时间里，人们误以为网络编辑的工作就是"Ctrl + C"加"Ctrl + V"（"复制"和"粘贴"的快捷键）。也正因为如此，目前国内很多网站在转载时缺乏版权意识，时常不标注信息来源。这是作为一个职业网络编辑应该避免的。

即使都是转载，也有一些渠道上的不同。我们在这里提供几种常见的渠道：

1）权威媒体

因为没有新闻采编资质，当新闻内容涉及国内外重大事件时，网站通常会直接转载权威媒体上的信息，如新华社消息、传统纸媒或电视所发布的新闻等。大型门户网站如新浪、搜狐等每年会购买部分传统媒体的版权。传统媒体会通过数据库直接向他们提供消息，供他们发布用，如图2-6所示为新浪转载新京报的评论。

2）用户生产的内容

随着社区类网站的蓬勃发展，在论坛、博客、微博和微信等平台上，普通网民也会撰写或拍摄大量内容。很多时候专业的网络编辑也会转载这些信息，或对多个信息进行加工后再发布。

首页 | 专栏 社论 时政 财经 文娱 体育 蓟门决策 新观察

房屋租赁权也是一种财产权

新京报 10月23日 10:08

当前租售不并举是房市出现过度、且扭曲金融化的主因之一。

>>查看全文

如何化解家长陪做作业的"心头病"？

新京报 10月23日 10:05

家长陪做作业成为社会问题，主要原因就在于学校默许放任教师把自己的分内工作转嫁于家长。

>>查看全文

"拉链式"交替通行是治堵微创新

新京报 10月22日 13:01

"拉链式"交替通行，是"因时而动"的执法新尝试。

>>查看全文

老人婉拒让座，是以善回应善

新京报 10月22日 12:58

"尊老爱幼"，言下之意应该是，"老"应该爱幼，"幼"应该尊老。

>>查看全文

高考制度改革就该呼应民众普遍期盼

新京报 10月21日 18:15

高考制度走到了新的历史节点，而"全面建立新高考制度"，就是为了进一步增进教育公平。

>>查看全文

"刷脸"作证可以有

新京报 10月21日 12:44

如何使证人的隐私得到完全的保护，免于打击报复，也需要法院在利用好技术的同时，做好证人的人身安全防范。

>>查看全文

图 2-6　新浪网转载新京报的评论

3）杂志或书籍

当网站和杂志社、出版社达成协议时，书籍或杂志的内容也可能被发布在网站上。但这种情况通常是杂志或书籍为了宣传，向网站提供部分内容供用户试读，其最终目的还是引导用户购买完整的杂志或书籍。

4. 翻　译

少量具备翻译能力的网站会直接从国外媒体引入信息，加以翻译后发布。但此类信息内容通常局限在学术、娱乐等领域，对于新闻事件的报道大部分网站还是会以国内权威媒体发布的信息为准。

2.2.2　收集信息的方法

了解主要的信息来源渠道仅仅完成了信息采集的第一步，但要从上述浩如烟海的来源中找到符合网站定位及类型的特定信息，还需要一些小技巧。下面提供的这些方法能帮助网络编辑迅速准确地找到自己所需的信息。并且经过一段时间的积累，网络编辑通常都能构建出一个专属自己的"信息渠道库"，辅助自己在以后的工作中快速有效地挖掘信息。

1. 搜索引擎

搜索引擎是最为人所熟知的信息获取渠道。它们强大的数据库能帮助用户迅速挖掘特定信息，但如果搜索方式不当，这些信息中也可能出现大量无关的资讯，干扰编辑的思路。在使用搜索引擎时，有以下一些小技巧可加以利用：

1）使用多个关键词

使用多个关键词可以将搜索范围缩小，从而定位更加精准的信息。比如，使用"巴西　世界杯"会比使用"世界杯"得到更多关于2014年巴西世界杯的消息。

2）使用信息符 AND 或 OR

当在多个关键词之间使用 AND 隔开时，搜索引擎将搜索所有同时包含这几个关键词的站点；而当在多个关键词之间使用 OR 隔开时，搜索引擎则会搜索单独包含这几个关键词的站点。

3）搜索图片

图片不比文字，其中的信息无法直接输入搜索。但近年来搜索引擎也开发了相关的应用，比如百度的"百度识图"、谷歌的"以图搜图"等。用户可以通过上传本地图片，或输入其他类似网络图片 url 地址的方式，来搜索与该图片类似的其他图片资源，如图 2-7 所示。

图 2-7　百度识图首页

目前国内常用的搜索引擎包括：百度、搜狗、Bing（必应）以及360等。通常中文信息的搜索使用百度，而如果想要获取精准的英文信息还是用谷歌更好。

2. 订　阅

仅仅在几年前，人们在互联网上谈论"订阅"这个概念时还只局限在邮件的订阅上。而时至今日，"订阅"的含义已经随着技术发展而大大扩展开去。以下介绍的几种订阅方式各有利弊，职业网络编辑通常会多渠道同时订阅，以保证阅读的完整性和及时性。

1）邮件订阅

某些网站免费向读者提供订阅邮件服务：只要用户留下自己的 E-mail 地址，并选择喜欢的栏目，网站就会定期向用户发送邮件，提供用户所订阅的内容。这些内容通常是"标题+简介"，如需完整阅读可以点击邮件上的链接，返回对方网站。这种订阅方式让网站和读者双赢。一方面网站可以由此获得更多点击量，同时还拿到了客户的个人邮箱地址，偶尔可以推送一些广告；另一方面，读者免去了每次都需要登录固定网站查看的麻烦，通过自己的邮箱就可以轻松了解特定的内容。如图 2-8 所示。

图 2-8　QQ 邮件订阅

2）RSS 订阅

RSS 意为"简易信息聚合"，也叫"聚合内容"，是一种描述和同步网站内容的格式。其英文全称有以下三种解释：Really Simple Syndication，RDF（Resource Description Framework）Site Summary 或 Rich Site Summary[①]。简单来说，通过 RSS 订阅，用户可以在一个阅读器中同时读取多个渠道的内容。

RSS 曾经是很多用户非常喜欢的新闻资讯订阅方式。使用 RSS 订阅，用户首先需要安装一个阅读器。有了阅读器后，使用者就可以发掘自己喜爱的博客或网站，然后从网站上找到订阅地址，复制粘贴到 RSS 阅读器里。更多网站提供直接订阅的小按钮，用户只需要点击按钮，就可以完成订阅，如图 2-9 所示。RSS 阅读器的好处是可以直接在本地阅读完整的信息内容，不需要再跳转到原始网页。而且即便原始网页的内容被删除，RSS 阅读器中也依然可以保留这些内容。

---

① 孙伟.什么是 RSS[EB/OL].中关村在线，http://news.zol.com.cn/346/3463788.html.

这种技术以其方便快捷的工作方式，曾广泛用于门户网站、百科网站及博客上，为广大网编带来了工作效率的飞升。国内使用范围较为广泛的阅读器包括：Google Reader、鲜果、抓虾等。这些阅读器大多是免费的。但自从 2013 年 7 月，Google Reader 正式宣布关闭后，鲜果和抓虾阅读器也分别于 2014 年 12 月 12 日和 2015 年 8 月 20 日正式关闭。

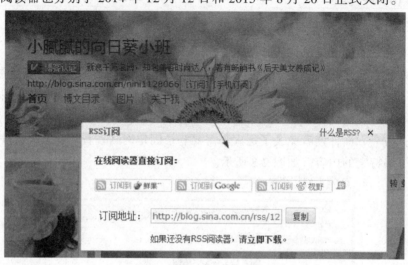

图 2-9　新浪博客提供的 RSS 订阅按钮

3）移动订阅

随着智能手机的广泛应用，提供给移动端的订阅服务也蓬勃发展。早期的移动订阅通过手机短信完成：用户设置网站栏目或博客的手机订阅服务，只要该栏目或博客有更新，用户就能收到一条提醒短信。短信中附带一条网址链接，用户可以直接点击，然后在手机上完成阅读，甚至可以留言评论。但这种方式成本较高，通常网站会向订阅用户收费，且接收的信息量有限，如图 2-10 所示。

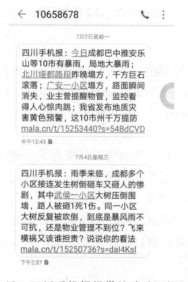

图 2-10　四川手机报提供的移动订阅服务

现如今的移动订阅已经有了长足的发展。以微博、微信为代表的客户端提供方搭建了强大的信息平台。用户只要下载、开通此类 App 应用就可以获取海量信息。不仅如此，用户还可以对关注的人或机构进行关键词分类，从而更加精准地获取所需的信息。

相对于 PC 端的订阅方式来说，移动端的订阅以其快捷、及时、方便的特性逐渐成为阅读方式的主流。例如，财富中文网就提供了多种移动订阅方式，如图 2-11 所示。但移动阅读的完整性、深度和可复制性较差。因此，网络编辑通常是从移动端获取大致消息，再通过 PC 端仔细研读，然后完成编辑和发布。

图 2-11　财富中文网提供了多种移动订阅方式

3. 信息库/数据库

某些专业网站有信息库或数字图书馆作为内容支撑。这些信息库中的内容大多来自多年积累的学术论文、业内稿件等，对于学术研究工作大有裨益。另外，如 2.2.1 节"常见信息来源"所述，目前国内新媒体还没有对重大要闻的采编权，所以有的网站会向传统媒体采买新闻，而这部分的新闻内容也常通过数据库共享。

2.2.3　信息的甄别与筛选

我们通过对上一节的学习了解了收集信息的几种重要方式，但网络编辑完成信息收集仅仅是一个开始。互联网每天都会产生海量的信息且质量良莠不齐，而网络编辑工作的核心价值就是在读者阅读之前，先利用自己的专业判断对信息进行筛选，起到一个"信息守门人"的作用。一家网站，尤其是 Web 1.0 时代的网站，其水平通常就体现在编辑能否挑选发布高质量的、符合读者要求的稿件上。

接下来，我们将罗列常用的判断信息价值的五项基本标准，并详细讲述有哪些方式方法能帮助网络编辑做出决策。

1. 信息的真实性

【案例】辟谣丨刷爆朋友圈的十大谣言，你都信了？[①]

近日，腾讯官方整理出近几个月朋友圈的谣言 Top10，借此让广大的用户了解目前朋友圈盛行的谣言，并厘清事实真相。如图 2-12 所示。

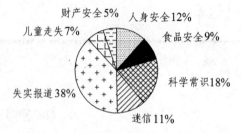

图 2-12　不同谣言类别处理所占比例

朋友圈谣言 TOP 10
1）全国公交车成"中国失联儿童守护车"

谣言类别：失实报道

谣言内容：

"请告诉您的孩子：在外面，找不到爸爸妈妈的时候，不要慌乱，去坐任意一辆公交车，告诉司机你找不到家人了，公交司机会联系家人的。5 月 1 日起，全国公交正式成为中国失联儿童守护车，只要孩子上了公交车，即便暂时与家长失去联系，孩子也不会被拐卖或出现意外。全国的公交车都会是安全守护车，公交驾驶员就是失散儿童守护人。"

真相：

多地公交集团均表示从没收到主管部门或者行业协会的这类通知，此消息不实。关于"失联儿童守护站"的消息有多个版本，此前热传的"书店""药店"或"××快递""保险公司"等企业也加入类似"爱心接力"，信息也都不实。警方也表示，让走失儿童离开原地去寻找特定场所，反而有可能加大走失风险，这种做法并不值得推广。

---

① 中国网. 辟谣丨刷爆朋友圈的十大谣言，你都信了？ [EB/OL]. [2016-05-17]. https://mp.weixin.qq.com/s/_VQNxCJJe3 oWUL0rVcJY6g.

2）群二维码过期后，微信群就会解散

谣言类别：失实报道

谣言内容：

"提醒一下各位：根据微信的政策，微信群的无限期将取消，所有群的二维码×月×日前有效，然后重新生成二维码。现在可以看看你所在群的二维码，点所在群右上角小人，点开群二维码，下方会标明失效的时间。为了避免再次加群的麻烦，所以请各位抽空点击群里右上角的小人，然后在下面找到"保存到通讯录"，将它点开。在群取消后，这样下次在通讯录里就可以直接加入了，可避免很多麻烦。点击下保存到通讯录就不用重新组群。"

真相：

就此谣言，微信团队已公开郑重声明过：所谓的微信将取消群二维码一说纯属子虚乌有。用户在拉取群二维码时会自动设定一个识别有效期，每个有效期的时间是 7 天，可不断更新。二维码有效期属于正常产品功能，根本不存在"二维码失效，微信群就会取消"的情况。

3）国际通用报警求助手势：同时竖起食指、中指和小指

谣言类别：失实报道

谣言内容：

"最新国际通用报警求助手势。当受害者遇到困难尤其是在被劫持没有人身自由的时候，只有通过手势向外界求救求助才是便捷、隐蔽的办法。最新设计出统一报警求救手势，适用受害遇难者及时向外界发出求救信号，这个手势形状既像中国报警电话号码110又像美国报警电话911，所以适合国际通用。"

真相：

通过媒体记者咨询警方得知：目前没有任何一家权威机构公开推广过这个手势，此举极

为不靠谱。此外，"掌心画黑点表示请帮忙报警"也不靠谱，为大众所熟知的国际通用求救信号目前还是：SOS。

4）某地发生多起抢小孩事件

谣言类别：失实报道

谣言内容：

"请大家注意：家里有孩子的大人都要看好，从三亚来了100多个外地人，现已经到了××附近，专来偷小孩抢小孩的，××一带已丢了20多个，解剖了7个小孩的胸部，拿走器官。凡是在街上转来转去的陌生人，特别是楼房补漏的面包车，收粮食的车，收旧家电的，戴黑口罩的人，穿黑裤子的人，说不完整普通话的人，其中里面还有一些年轻妇女，若有问路，脚步千万别停下，不要答理他们。收到的人都要传下，这是事实！让更多的人知道，转一次可能就能拯救几个孩子的生命。这是玉沙学校的老师发过来的，群多的都转一下！生命可贵！太可怕了。"

真相：

关于"外地人抢小孩"的传言有多个地点版本，包括重庆、中山、大连、陆丰、陵水等地，而同一事发地也有不同案发版本，如：某地发生抢孩子事件，孩子家人被捅一刀。然而经过各地警方证实，称从未接到此类警情，也没发生此类案件。此外，人体器官移植一般人根本做不了，器官的保存、输送和植入受体需要很苛刻的条件，歹徒很难具备这些条件。

如果听闻此类恶性案件，请先向警方主动求证，或通过媒体获取信息进行甄别判断，而不是随手转发。如果大家都轻信并转发网络上流传的未经证实的小道消息，只会引发不必要的恐慌。

5）《女人必看》和《2016年度工资调整方案》有病毒

谣言类别：失实报道

谣言内容：

"在公安局工作的同学发的。 紧急通知 公安网监 6：00 紧急通告，请大家要速传！如果你收到一张带有《女人必看》的图片文件、《2016年度工资调整方案》，在任何环境下请不要打开它，且立即删除它。如果你打开了它，你会被盗取你手机里所有相关信息。这是一个新的病毒，已经确认了它的危险性，而杀毒软件不能清除它。他的目标是盗取手机联系人信息，手机绑定银行信息。请收到的，马上转发给你所有亲人和朋友单位同事，为了大家，辛苦一下。这次病毒猛烈仅次于灰鸽子、熊猫烧香，是永远也删不了的。"

真相：

关于"公安网监通知"的相关消息最早能够追踪到 2008 年，《女人必看》和《2016 年度工资调整方案》是目前最新版。经查证，网监总队并未发送过该通知，此消息纯属无中生有。此外，类似传言还有"新版人民币视频有病毒"等。然而，公安部门辟谣称，尚未接到新版人民币视频含病毒造成经济损失的投诉举报，并称这些均为不实消息。

6）毒西瓜流入全国各地

谣言类别：失实报道

谣言内容：

"出大事了，2 万吨西瓜流入全国各地，已至 8 人亡命，大家都看看。"

真相：

经媒体记者查证，内容中夹带的视频是 2015 年 3 月山东某电视台对在山东青岛即墨、胶州等地陆续发生的消费者因误食毒西瓜导致受害的事件报道，真实情况是西瓜农药残留超标导致 17 人中毒，但并未发生人员死亡事件。此外，近期各种新闻媒介也没有关于毒西瓜方面的报道，纯属旧闻翻炒。

7）7 月 1 日起，驾考新增科目五

谣言类别：失实报道

谣言内容：

"为规范管理机动车驾驶证培训工作，保证驾驶员培训的实效性，2016 年 7 月 1 日起，将执行 2016 年交通管理总队新标准：科目一题库增加近 260 道题目；科目二由现有的 5 项增加至 9 项；科目三在现有路考中增加 1 项防御性驾驶技术考试；科目四题库增加近 100 道题左右；增加科目五考试，模拟高速行驶、隧道行驶、停车取卡、窄路掉头……落款为公安厅交通警察总队，时间为 2016 年 4 月 30 日。"

真相：

警方辟谣称：机动车驾考均以今年4月1日起实施的公安部139号令为准，而在该公安部令里，并无模拟高速路等考核要求。此外，各地交警支队车管所相关负责人表示，目前并没有接到上级要增加科目五考试的通知。

8）榴莲牛奶同吃会导致死亡

谣言类别：科学常识

谣言内容：

"一位中国游客在泰国旅游时，吃了很多榴莲，之后又喝了牛奶，导致咖啡因中毒，血压飙升，结果引发心脏病猝死，年仅28岁。"

真相：

食品专家表示：牛奶和榴莲中都不含咖啡因，两种不含咖啡因的食物一起吃是不可能凭空产生出咖啡因的，所以两者同食会中毒甚至致死的说法站不住脚，缺乏科学依据。且心脏猝死的危险因素是多方面的，不能简单归类为某种食品，饮食引起不适往往与自身基础疾病有关。

9）***（名人）5月9日上午在香港因病去世

谣言类别：失实报道

谣言内容：

"中国香港演员、导演、编辑、制作人、商人***于2016年5月9号在香港基督教联合医院突发心梗，由于抢救无效身亡，享年54岁。"

真相：

名人"被去世"的最新谣言版本，相关图片均为拼凑。

10）三岁女孩在锦绣花园被人拐走

谣言类别：儿童走失

谣言内容：

"帮忙扩散，今天上午一个三岁多小女孩在锦绣花园小区附近被人拐走了，小女孩能说出她爸爸的手机号码，从监控上看是被一个四十多岁男人抱走了，现大人都急疯了，有知情者请告之，万分感谢。看到信息的兄弟姐妹留意一下，联系人**，电话****。如果看一眼懒得转的冷漠的人也请你伸出手指按3秒看到就转转。"

真相：

关于"3岁女孩被人拐走"的消息有多个地点版本，主要包括四川成都、安徽蚌埠、江苏常熟以及广州、深圳等。除了这些不断变换的城市名称之外，里面提及的联系人信息也有变化。然而，各地警方表示：此类消息均为虚假不实传言，他们也并没有接到相关案件。

从上述事件中我们不难看出，信息是否真实常常是困扰互联网用户的一个难题。很多假消息伪装性强，不是一眼就可以识破的。而制造者又很会利用网民的从众心理，使得虚假信息迅速传播。甚至有的网络编辑为了抢夺新闻热点，也时常疏于判断，不经证实就把消息发布，最终导致谣言产生。

要避免这一现象的发生，我们有几种方法判断信息的真实性：

（1）查看信息来源。

在上述很多例子中，信息都是网友随手转发，并不是相关官方或权威媒体发布。对于任何一个事件，如果编辑肯花一点功夫从源头做调查，那么很多谣言都能避免再传播。

（2）判断信息要素是否完整。

在新闻理论中有经典的"5W"理论，即一条完整的新闻应该包含"Who（人物）""When（时间）""Where（地点）""What（事件）"和"Why（缘由）"五大要素。假新闻通常不能做到完整传达这些信息，在表述上也多用模糊的字眼，如"前不久""据称""某男子"等。

（3）对比相同主题稿件。

因为假新闻的源头只有一个，没有其他记者跟进对真实情况调查，所以稿件的内容甚至语言都大同小异。如果编辑可以对同一主题的稿件进行对比研究，也能发现异常。

总而言之，网络编辑在长期的工作中最终能锻炼出一种快速判断信息真实性的能力。有时可能仅仅是稿件的文字描述不够精准或叙事角度不够客观，都足以引起编辑的警惕。再通过以上方法追踪调查，通常就能顺利筛选出假新闻。

2. 信息的权威性

在确保真实性的基础上，编辑应该尽量挑选权威性较强的信息发布，尤其是新闻或学术性较强的文章。权威性可以从几个方面进行判断：

（1）发布信息的机构。

具有多年经验的传统媒体、新闻社或是学术机构都是权威性较强的信息发布源，如新华社、地方大报、电视台。还有各知名大学等所发布的消息，其可信度都较高。

（2）稿件作者的情况。

如果对发布机构不敢肯定，也可以通过了解稿件作者的背景来判断信息的权威性。如果是知名记者、学者、某个行业的专家，其可信度都较高。

（3）查看文章细节。

文章中引用的信息是否具备公信力？采访的对象是否是业内人士或专家？引用的数据是否是最新的数据，并由国家认证的机构所发布？这些细节有时也能成为我们判断信息权威性的标准。

3. 信息的时效性

信息在互联网上的传播速度大大快于其他传统媒体，这是互联网的优势，也是对互联网从业人员的挑战。随着网络用户对信息时效性的要求不断提升，每一家网站都会尽可能快地发布尽可能新的新闻，以争夺用户，占据搜索引擎的优势位置。通常在以下几种情况中，对信息时效性的要求会特别高。

1）突发事件

如"9·11事件"或"汶川大地震"这样的事件，事前没有任何征兆、发生时特别重大，对网络编辑来说信息组织的难度最大。对于这样的事件，网络编辑通常需要在短时间内跟进大量新闻报道，更新时间甚至以分钟来计算。另外还需要迅速搭建专题，让用户能最便捷地了解信息。大型事件发生时，海量信息充斥网络，留给网络编辑判断信息是否真实的时间也急剧缩短。这种时候，最好是坚持使用权威媒体的报道，不要人云亦云，以免造成民众恐慌。

2）延续了一段时间的重点事件

"房价上涨"或"退休年限延后"这样的信息在很长一段时间内都是人们关注的焦点，时间甚至可以长达数年。此类信息的发布有一定时间节点，不会像突发事件那样需要集中更新。但网络编辑要留心，不要错过重要的阶段性事件，否则也会造成时效性的遗漏。

3）具备规律性的事件

有的事件发生周期固定，具备可预测性，比如"奥斯卡""世界杯"或"全国两会"等。对于这些事件网络编辑应该提前做好预案，策划专题，派出记者，在每一次事件发生时寻找新亮点，做出和其他网站不同的特色。在有预案的情况下，也不用担心突发事件临时插入、原本应该报道的事件无人跟进的情况发生。

4. 信息内容、风格与网站的一致性

【案例】搞笑问答

1. 怎样跟一个不认识但一眼就喜欢上的女生搭讪呢？

答：走过去直接躺地上，说：同学，你男朋友掉了。

2. 为什么一男一女收入相仿时，女孩的日子看起来总是要更具品质感？

答：因为男生赚的是面包钱，女生赚的是零花钱。

3. 奥特曼为什么不直接发大招，要等怪兽快挂了才发？

答：你斗地主直接扔炸弹啊？

……

以上问答摘自知乎网，曾在网络上被多家网站、论坛疯狂转载，因为其趣味性强、机智幽默，很能引起网友共鸣。但问题是，你负责的网站适合吗？

有时很多网站为了争抢流量，网络编辑会不加思考地转载与本站主题无关、风格差异大的热门信息。这也许能在短时间内为网站带来流量，但长远来看会损害网站的整体性和独特性。目前我国互联网产业的发展日新月异，每天都有无数新网站产生，"万金油"类型的网站已经很难立足。网友希望看到的更多是有自己独立风格的站点，所以网站编辑在发布信息时，除了考虑是否能带来流量，还应该有自己坚持的立场。

5. 信息的全面性

对于单条信息而言，尽可能选择"5W"要素完整、能清楚讲述事件来龙去脉的消息发布，这对于每一种媒体的记者或编辑而言，都是应该遵循的职业准则。但对网络编辑来说，除了单条信息的完整性，还应该多考虑信息与信息之间的关联。

在互联网上发布文章，常常会在本文结束后加上几条超链接，链接到其他相关文章的地址。这种做法能帮助用户了解更多的事件背景，阅读更多与本文相关的其他文章。对用户而言，这是方便快捷地获取信息的手段；对网站而言，这是增加点击量的渠道。更进一步，当事件不断升级，网站需要专门为此搭建专题时，也能快速挖掘同一主题下的信息，所以相关文章的超链接推荐是很多网络编辑的惯用工作手法。

这一步操作有的是通过技术手段实现——通过提取和本文相同关键词的其他文章，自动加上推荐文章链接；也有的是由网络编辑在编辑文章时手动添加——这种操作通常更精准、更人性化，但也会更耗时。

为了确保信息的全面性，网络编辑应该注意在每次发布新文章时，都带上其他相关文章的链接。除此以外，也应该记得把新文章的链接更新到老文章中去。

【思考与练习】

1. 互联网时代，怎么做到"谣言止于智者"？谈谈你的一次经历。

2. 针对近期发生的一项热门事件进行信息收集。收集信息时，请考虑信息是否符合筛选的几大原则。

2.3　信息的整合与发布

完成了信息的收集与筛选后，接下来就可以对信息进行编辑了。

2.3.1 网站结构

在正式学习编辑技巧之前，我们首先要了解网站的基本结构，这决定着信息最终被发布在网站的什么位置。我们也希望借此了解不同的结构对信息传播的路径有什么样的影响。

1. 金字塔式结构

金字塔式结构是一种很经典、也是很基本的网站结构。它通常被应用在 Web 1.0 时期门户类的站点中。因为这样一种结构能够承载大量信息，让用户清楚而快捷地找到自己想找的信息。

从图 2-13 中我们可以看到，金字塔式的网站结构层级分明：从首页开始，根据内容或栏目的不同层层递进，最终到达具体内容页面。

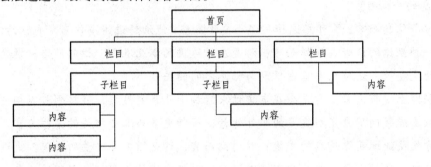

图 2-13　金字塔式的网站结构

下面以四川大学锦城学院网站为例，展示金字塔式网站的实际应用。

如图 2-14 所示，四川大学锦城学院网站从首页开始，下设"新闻中心""学院概况""院系风采"等多个子频道。每个子频道下，再根据实际内容划分具体栏目，如"学院概况"频道下设"学院简介""办学理念""锦城 ABC""图片锦城"等栏目。最后，在栏目下查看具体内容。这种金字塔式的结构从网站首页或子频道首页的导航栏中最能看出其布局。如图 2-15 所示为锦城学院网站首页的导航，图 2-16 所示为"学院概况"频道的导航。

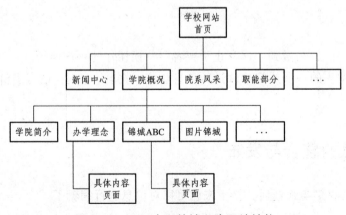

图 2-14　四川大学锦城学院网站结构

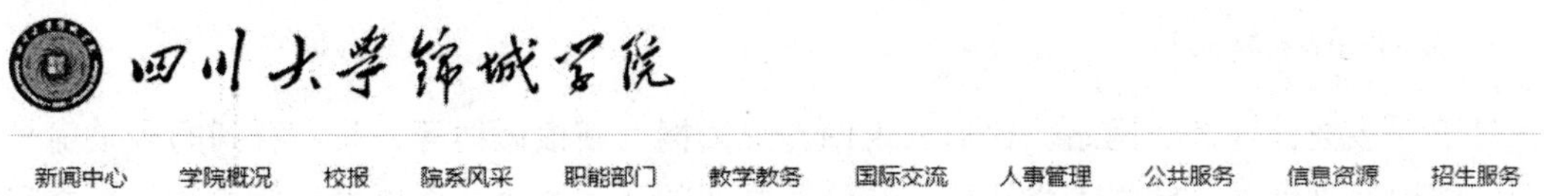

图 2-15　四川大学锦城学院网站首页导航

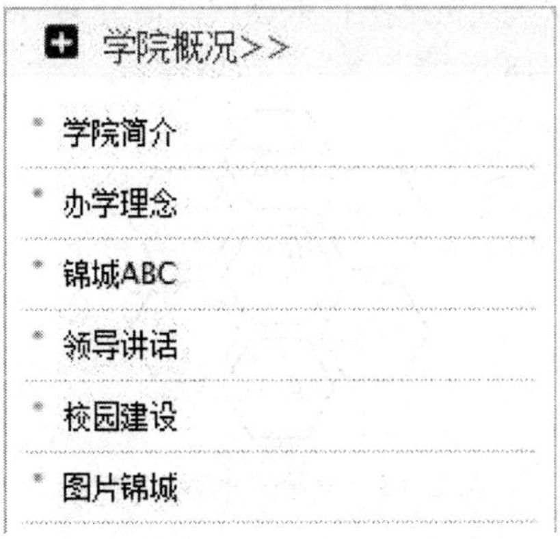

＋ 学院概况＞＞

* 学院简介

* 办学理念

* 锦城ABC

* 领导讲话

* 校园建设

* 图片锦城

图 2-16　"学院概况"频道导航

同理，在每篇文章的内容页面，我们也能通过导航很快返回上级页面。如图 2-17 所示为"学院简介"的文章内容页，在标题上方我们能看到"首页>学院概况>学院简介"的导航链接。

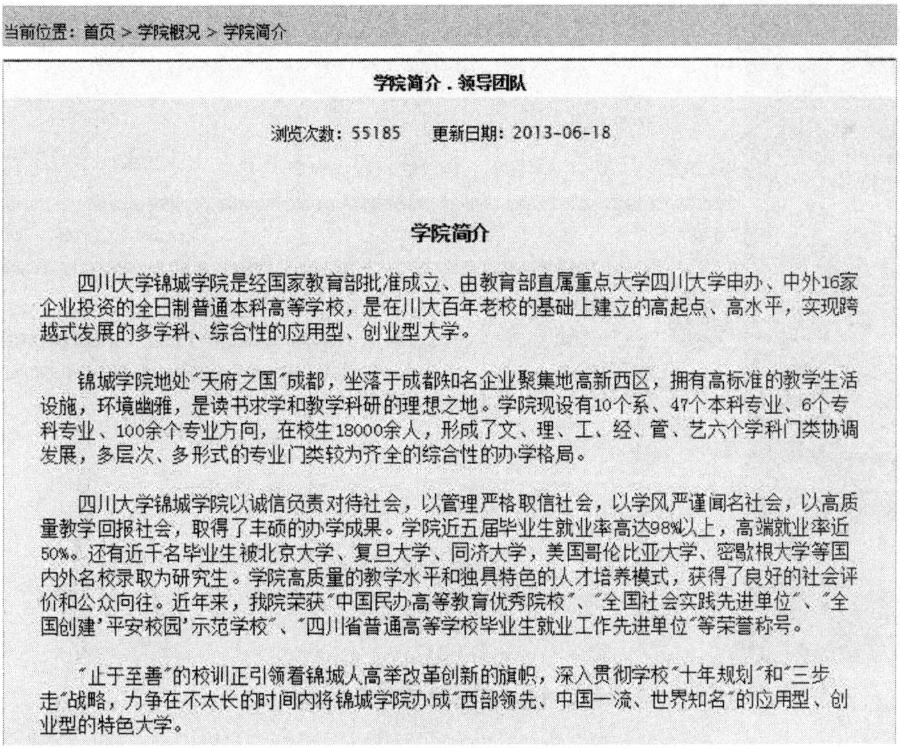

当前位置：首页 > 学院概况 > 学院简介

学院简介 . 领导团队

浏览次数：55185　　更新日期：2013-06-18

学院简介

　　四川大学锦城学院是经国家教育部批准成立、由教育部直属重点大学四川大学申办、中外16家企业投资的全日制普通本科高等学校，是在川大百年老校的基础上建立的高起点、高水平，实现跨越式发展的多学科、综合性的应用型、创业型大学。

　　锦城学院地处"天府之国"成都，坐落于成都知名企业聚集地高新西区，拥有高标准的教学生活设施，环境幽雅，是读书求学和教学科研的理想之地。学院现设有10个系、47个本科专业、6个专科专业、100余个专业方向，在校生18000余人，形成了文、理、工、经、管、艺六个学科门类协调发展，多层次、多形式的专业门类较为齐全的综合性的办学格局。

　　四川大学锦城学院以诚信负责对待社会，以管理严格取信社会，以学风严谨闻名社会，以高质量教学回报社会，取得了丰硕的办学成果。学院近五届毕业生就业率高达98%以上，高端就业率近50%。还有近千名毕业生被北京大学、复旦大学、同济大学，美国哥伦比亚大学、密歇根大学等国内外名校录取为研究生。学院高质量的教学水平和独具特色的人才培养模式，获得了良好的社会评价和公众向往。近年来，我院荣获"中国民办高等教育优秀院校"、"全国社会实践先进单位"、"全国创建'平安校园'示范学校"、"四川省普通高等学校毕业生就业工作先进单位"等荣誉称号。

　　"止于至善"的校训正引领着锦城人高举改革创新的旗帜，深入贯彻学校"十年规划"和"三步走"战略，力争在不太长的时间内将锦城学院办成"西部领先、中国一流、世界知名"的应用型、创业型的特色大学。

图 2-17　"学院简介"的文章内容页

2. 扁平式结构

对于大多数社区型的网站，比如人人网、豆瓣网、新浪微博等，我们看到的多是扁平式的网站结构。这种网站结构不强调信息与频道之间的从属关系，而更着重信息与信息之间的流通、用户与用户之间的交流。所以在扁平式的网站结构下，我们通常很少看到导航栏，多的是针对具体信息的相关推荐。其信息不再根据网站的分类而归类，而是由用户自行加上标签。扁平式的网站结构如图 2-18 所示。

图 2-18　扁平式的网站结构

现以"新浪微博"为例进行说明。如图 2-19 所示是以一个用户身份登入的首页。我们可以看到网页右侧内容为用户订阅和关注的消息。网页左侧的导航链接"好友圈""群微博"和"特别关注"等，它们不再根据内容属性划分，而是围绕用户来展开。

图 2-19　新浪微博用户首页

虽然这些社区型网站也会对话题进行归类，但这个页面一般入口相对较小，已明显不是网站引导用户的重点。如图 2-20 所示，"豆瓣网"用户可以设置首页显示的内容。这正是因为"内容"在扁平式的网站结构中不再根据编辑的意志分类，而是基于用户此前的行为和爱好来进行信息推送。

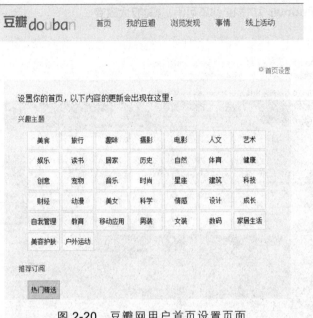

图 2-20 豆瓣网用户首页设置页面

如果说金字塔式的网站结构是以信息为中心而设计的，那么扁平式的网站结构则是以用户交流为中心而设计的。总的来说，金字塔式的结构更适合信息量大的网站，而扁平式的结构更适合社区活动类的网站。

2.3.2 网络文章的基本要素

如图 2-21 所示为腾讯数码频道（http://digi.tech.qq.com/）发布的一篇关于 Windows 10 的网络新闻的部分截图。这是一篇典型的网络文章，通过观察和分解，我们会发现网络文章通常由以下几种要素构成：

（1）文章标题/副标题。

（2）关键词/标签/Tag。

（3）导语/摘要。

（4）图片/视频。

（5）正文。

（6）稿件信息，包括来源、发布日期、作者姓名等。

（7）评论。

（8）互动应用，包括分享按钮、打印、收藏、转发到其他平台等。

对于文字的编辑来说，文章中最重要的构成部分分别是：标题、关键词和正文。接下来我们将一一探讨。

图 2-21　一篇典型的网络文章（部分截图）

2.3.3　标题的撰写

对网络文章来说，标题就是"门脸"，异常重要。网络用户每天都要接触海量信息，一篇文章能否被他们"相中"，很多时候取决于标题是否能吸引他们点击，进一步阅读。所以标题的撰写也是网络编辑的基本功。

什么样的标题才算一个好标题？这背后其实有很多因素同时在起作用。有的网站一味地剑走偏锋，爱做"标题党"，动辄将夸张无度的词汇加在标题上，只求吸引读者眼球；也有的网站毫不考虑可读性，平铺直叙地在标题上反映内容。这些都是不可取的标题撰写方法。一个好的网络标题至少应该符合五大原则，而要使标题符合五大原则，就需要运用一些技巧。

1. 撰写网络标题的五大原则

1）准 确

标题首先应该做到题文一致、符合事实。业内的确有一些编辑为了提高文章阅读量，编造和文章内容完全无关的标题，当读者仔细阅读文章内容后才大呼上当。这种做法可能会带来一时的高流量，但从根本上来说会损害网站自身的信誉，无异于杀鸡取卵，是标题撰写的第一大禁忌。

2）重点突出

一篇文章动辄几百上千字，但标题却只能有十几个字，这就要求编辑能准确把握文章的重点。通常新闻类的文章应该尽可能在标题中体现"5W"的要素，即时间、地点、人物、事件及事件缘由。即便不能体现所有这些要素，也应体现部分。

3）简 洁

虽然有的网站允许副标题存在，但总体来说标题还是应该控制在一定长度以内——通常中文字符不应超过 20 个。这不仅仅是因为网站篇幅有限——除了文章内容页会显示标题，编辑还应考虑当文章被推送到首页时的情况，因为首页的空间更加珍贵，标题往往还需要压缩；同时也是出于对搜索引擎优化的考量，因为太长的标题对文章占据搜索引擎的最佳位置会产生不利影响。

4）生 动

在使标题符合以上几点原则的基础上，编辑应该利用自己的文字功底对标题加以美化，达到吸引读者的目的。

5）在符合读者阅读习惯的条件下匹配搜索引擎优化原则

针对搜索引擎的优化措施有利于文章发布后在搜索引擎上取得较为靠前的位置，从而为网站争取更多流量和用户。在文字的编辑过程中有不少技巧可以辅助这一点实现。我们将在稍后的章节中重点讨论这些技巧。但对于编辑而言，在注意服务好机器的同时，照顾好读者的阅读习惯，也是工作中必须考虑的一点。

2. 网络标题撰写技巧

要使标题符合以上五大原则，有一些小技巧可以应用。只要不过度使用，把握好底线，这些技巧就能为标题增添色彩，达到脱颖而出的效果。

1）善用数字

从文章中提取相应的数字加入标题，是吸引眼球的好办法。这个技巧在网络文章的标题中常常见到。试着比较以下两个标题：《拒绝穷忙：每天工作都不应该忘记的事》和《拒绝穷忙：每天上班做这 10 件事就够了》。第二个标题是不是明显给了读者暗示，也同时让读者更有阅读的欲望呢？再比如《2014 年最受欢迎 10 样时尚单品》《办公室 OL 理财 5 个小技巧》

《哈利波特作者 J.K.罗琳成名前不为人知的 8 个秘密》等标题，都是利用数字吊起读者胃口的典范。

2）借力打力

作为网络编辑，其所编辑的文章一般不可能都是重点、热点。对于内容本身就不是那么吸引读者的文章，我们可以借用当下正在发生的其他热点，和热点结合，也能做出有趣的标题。比如，当电影《中国合伙人》热映时，一篇和创业相关的文章不妨这样取标题：《不做中国合伙人：朋友创业的 5 个忠告》。这就比单纯只是从本文内容出发，所取的标题《和朋友创业应该注意的 5 件事》更加讨喜。这样的做法还会利于文章的搜索引擎优化，因为这个标题可能还会吸引部分搜索《中国合伙人》的读者阅读。

3）反向思维

如果仅仅是平铺直叙地概括文章内容，文章标题则不免平淡。有的时候不妨试试换个角度叙述，兴许还能推陈出新。观察这两个标题：《面试要注意的十大事项》和《面试时一定会被刷掉的十种做法》。是不是第二种标题给读者制造了一种紧张感，让人更有阅读的欲望呢？

网络文章标题的撰写是一门大学问，以上技巧也远远不是全部。根据网站属性、文章内容的不同，每个编辑都可能总结出一套针对自己读者的标题撰写技巧，这当然需要在工作中慢慢积累。

3. 标题撰写的 SEO 原则

1）什么是 SEO

SEO 是 Search Engine Optimization 的缩写，译为"搜索引擎优化"，指的是在了解搜索引擎自然排名机制的基础上，对网站进行内部及外部的调整优化，改进网站在搜索引擎中关键词的自然排名，获得更多流量，吸引更多目标客户，从而达到网络营销及品牌建设的目标[1]。

全球范围内影响力最大的搜索引擎是"谷歌"（Google）。它是在 1998 年由斯坦福大学博士拉里·佩奇和谢尔盖·布林创立。而最大的中文搜索引擎是百度，它由李彦宏和徐勇二人在 2000 年创办。搜索引擎是目前用户在网络上查找信息的主流方式。同样的信息，如果在搜索引擎上排名靠前，就更容易被用户点击、浏览。搜索引擎为了保证其公正性和客观性，对它的排名机制始终是保密的。而且每隔一段时间，排名算法就会有所调整。

2）搜索引擎的工作原理

在了解网络编辑如何对自身工作进行搜索引擎优化之前，我们有必要再具体了解一下搜索引擎的基本工作原理。因为从根本上来说，所有的优化其实都是针对这些原理进行的。

搜索引擎的工作原理基本上包括三个过程：第一步，搜索引擎利用抓取程序去互联网上

---

[1] 百度百科. http://baike.baidu.com/view/1047.htm.

发现并收集网页信息；第二步，对收集来的信息进行整理，并建立索引数据库；第三步，当用户在搜索引擎上输入关键词进行查询时，搜索引擎从数据库中快速地检索出相关网页信息反馈给用户。这个检索结果是经过搜索引擎分析，按其匹配度排序的。其最终目标是把和搜索关键词匹配程度最高的网页反馈给用户。

让我们仔细研究一下这三个步骤：

抓取网页：每个独立的搜索引擎都有自己的网页抓取程序，业内人士亲切地把这种程序称为爬虫（Crawler）。Google 将自己的程序命名为"机器人"，而百度则称此程序为"蜘蛛"。爬虫程序每天都在互联网上孜孜不倦地工作，顺着网页中的超链接从一个网站爬到另一个网站。而被它们"爬"过的网站，就被自动收录到搜索引擎的数据库中。

处理网页：爬虫抓取到的所有网页都会被汇总到搜索引擎的数据库中。当然，在这一步里也不止是简单的信息堆砌，同时还需要对信息进行关键词提取、建立索引库、去除重复网页、分词、计算网页权重等大量的预处理工作。

提供检索服务：最后，当用户输入关键词进行查询时，搜索引擎就会从索引数据库中找到与该关键词匹配的网页并反馈给用户。

对很多网站而言，从搜索引擎而来的自然流量占到整个网站流量相当大的比重。所以能否做好 SEO，关系到整个网站的生存与发展。为了取得竞争优势，多年来有大量从业人员研究搜索引擎的自然排名机制。截至目前，人们已经积累了很多重要的排名原则。这些原则和关键词的选取、内容的建设、网站的架构等都有关系。规模较大的网站通常都会设立专职的 SEO 工程师甚至 SEO 部门，去规划网站整体的 SEO 方案。

对于网络编辑而言，在辅助工程师做好网站整体 SEO 的基础上，在内容制作方面同时也存在很多技巧可以帮助小到一篇文章、大到一个专题，在搜索引擎排名上取得较好的位置。在接下来的章节中，我们将在讲解标题、关键词、文章内容以及专题时分别引入相应的 SEO 技巧，尤其是从编辑的角度可以操作的 SEO 技巧。

3）标题撰写中的 SEO 技巧

（1）标题中应尽量覆盖完整的关键词。

任何一篇文章都能用相对简洁的一句话甚至几个词汇来概括。如果比较直白地理解"关键词"，就是能起到概括内容作用的那几个词汇。因为用户在使用搜索引擎时，很多时候都是通过关键词加以检索，所以如果文章标题中能包括符合用户使用习惯的关键词，就更有可能被搜索引擎收录。

（2）重点关键词尽量放在标题前面。

如前所述，一篇文章的关键词可能不止一个，这些关键词也有重点与非重点之分。越是重点的、能覆盖文章关键信息的关键词，就应该尽可能出现在标题的前面。以新浪新闻中心 2014 年 6 月 27 日发表的文章《"以房养老"值不值？》为例，该文章的关键词为"以房养老"，所以这四个字也应该被摆在标题的首位。如果还要罗列该篇文章的其他关键词，可能还包括"以房养老政策""以房养老可行性""以房养老试点"等。但显然编辑经过分析后，依然认为"以房养老"是重点关键词，因而将它完整地编辑在标题最前面的位置。

（3）标题不应过长。

关于标题应该控制在多少字符以内，各方说法不一。这也和搜索引擎排名原则一直都在调整有关系。但业界普遍的说法是，标题不应该超过 20 个中文字符。一旦超过，不仅损害SEO，同样也不美观，不利于网站排版。

（4）竞争激烈的关键词要善用长尾关键词。

关于长尾关键词的概念，我们将在 2.3.5 节中重点讨论。这里读者只需要有一个基本认识：对于热门事件而言，可能很多网站编辑都会在标题中使用同一个关键词，比如 2014 年世界杯期间所发布的文章，可能都带有"世界杯"一词。这样的情况会造成关键词竞争异常激烈。讨巧的做法是根据文章内容将"世界杯"一词适当拓展，比如变成"世界杯开幕式""世界杯 16 强"等。这样反倒能抓住部分搜索特定内容的用户，从而带来流量。

（5）标题开头尽量不使用标点符号。

对于搜索引擎的爬虫程序而言，一个网页信息中最重要的部分就是标题、关键词和文章的首尾两端。而标题的开头又是重中之重。所以，如果在标题的开头部分就出现程序认为不重要的标点符号，那么整篇信息都可能被判定为和关键词无关。所以在标题的开头部分，应尽可能展现核心关键词，不要放置无关的标点。

2.3.4　关键词的提取

1. 什么是关键词

"关键词"这个概念在前文中已经有少量涉及，我们将在这个章节详细说明。在网络编辑的概念中，关键词特指搜索引擎关键词。它是英文 Keyword 的中文翻译，有时也称文章"标签"或"Tag"。它指的是从网络信息中提炼出的、能代表和定位信息本身的具体名称用语。简单地说，关键词就是用户在使用搜索引擎时输入的、能够最大程度概括用户所要查找的信息内容的字或者词，是信息的概括化和集中化[①]。

关键词有以下几个特点：

（1）一篇信息可以对应多个关键词，反之亦然。

（2）关键词可以是任何中文、英文、数字或中文英文数字的混合体。

（3）关键词通常是名词或词组，也可能是短句。

（4）通常一篇网络文章对应 4~5 个关键词。

网络编辑在加工一篇文章时，除了标题以外，第二步需要考虑的就是关键词的撰写。

---

① 百度百科. https://baike.baidu.com/item/%E5%85%B3%E9%94%AE%E5%AD%97/7105697?fr=aladdin.

关键词撰写得是否准确，将影响一篇文章能否被搜索引擎推荐到较优的排名。同时，编辑也利用关键词对文章进行分类。在制作网络专题时，常常将同一个关键词索引下的文章提取到专题页面。对于用户来说，关键词也起到了索引作用，它能非常方便地帮助用户查找信息。

有的网站会在网页上直接展示文章关键词，以方便用户和编辑索引、定位。也有很多网站不会在前台（即网页）上展示关键词。但毫无疑问的是，每一篇网络文章都有其对应的关键词。

举一个简单的例子：腾讯网（http://news.qq.com/）在 2014 年 3 月 12 日转载了一篇原刊于《成都商报》的民生新闻，标题为《一套 100 平米住宅摆放 18 张床 蜂巢旅馆被取缔》。文章描述了成都金牛万达广场的一套普通小区住宅被违法改造成"蜂巢旅馆"。这套 100 m^2 的住宅中容纳了 18 个所谓的"蜂巢"，而每个"蜂巢"仅 1.6 m^2。业者以每晚 48～55 元的价格出租"蜂巢"。

针对这样一条简单的民生新闻，你应该如何为其撰写关键词呢？腾讯网的编辑给出了答案。

在网页上不起眼的位置，我们可以看到职业网络编辑给文章"贴"上了四个关键词，分别是：成都蜂巢旅馆、成都蜂巢旅馆地址、蜂巢旅馆和金牛万达广场。其中前三个关键词都在试图尽可能准确地描述本篇文章的内容，而最后一个关键词则就地理位置给出了信息中的关键地标。

2. 如何提炼关键词

提炼关键词对于新手编辑来说并不是一件容易的事。它除了要求编辑有较高的总结归纳能力，还需要编辑判断用户的需求。因为提炼关键词的目的，说到底是希望用户通过搜索发现本篇文章。所以编辑提取的关键词越是接近用户会真实搜索的词汇，就越有可能为本篇文章的搜索引擎优化做出贡献。

具体如何操作？可以遵循以下步骤：

（1）通览全文，锁定关键信息。一篇文章的概要或大意，通常会出现在全文的首段或尾段。所以在通读全文的基础上，我们应该重点留意首段或尾段的信息。对于一篇新闻来说，关键信息通常意味着 5W 和 1H（How）。

（2）串联关键信息，试着概括成一句话。

（3）将句子再进一步精简为词组。

（4）辨析、取舍，最终决定关键词。在最后一步，还有一些常用的工具可以帮助网络编辑判断。其中最简便的工具就是搜索引擎本身。以下以百度为例，举一个简单的例子。

当新闻事件发生，记者和编辑在争分夺秒组织新闻、撰写发布稿件时，通常读者也在搜索引擎上展开了搜索。而搜索引擎则会忠实地记录用户的搜索过程，其中最重要的就是用户实际搜索该事件时所使用的关键词。

比如 2018 年 7 月 6 日，美国正式对从中国进口的 340 亿美元商品加征 25%关税，中美贸易战终于爆发。当我们在百度搜索框中输入"贸易战"，还没有按下回车键时，我们会发现百度已经智能地提示了许多类似的关键词，比如"贸易战对中国的影响""中美贸易战""贸易战 7 月 6 日"等，如图 2-22 所示。

图 2-22　百度搜索提示

而所有这些百度罗列出的关键词，无一例外都是用户近期在百度中大量搜索过的关键词记录。对于普通用户来说，这样的提示信息节省了他们手动输入的时间；而对于专业的网络编辑来说，借此则可以发现近期用户关注的焦点，以及他们会采用什么关键词进行搜索。

进一步来说，如果编辑要发布的文章正好是和"贸易战"相关的，那么通过百度就应该清楚该篇文章的关键词应设为"贸易战对中国的影响"和"贸易战最新消息"。同理，如果文章中同时也带有与"贸易战开始"相关的信息，就可以在关键词中加入"贸易战开火"和"贸易战 7 月 6 日"。

3. 百度指数——关键词趋势研究小工具

除了操作简单、使用方便的百度搜索框以外，还有一些更加专业的、和关键词提取分析相关的小工具，如百度公司旗下的"百度指数"（http://index.baidu.com/），如图 2-23 所示。

图 2-23　百度指数首页

百度指数是以百度海量网民行为数据为基础的数据分享平台。在这里网络编辑可以查询关键词的搜索趋势,从而把握网络用户的兴趣和需求。除此以外,它还可以用于监控媒体舆情、定位人群特征和分析市场特点。可以说百度指数是一个基础的数据分析平台。下面我们一起来看看它的用法。

在注册百度并登录以后,你便可以在上图所示的搜索框中搜索任何你想查询的关键词。我们还是以"世界杯"为例,输入后可以看到如图 2-24 所示界面。

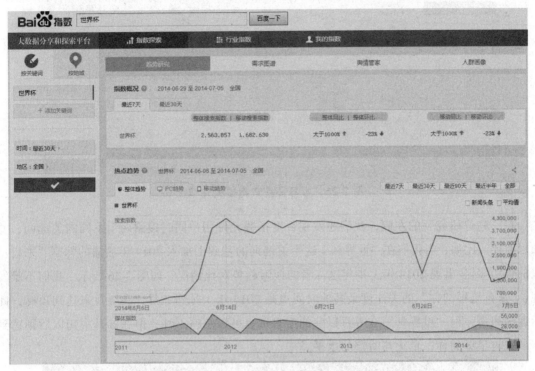

图 2-24 百度指数搜索界面

在图片右下方的大部分位置中,我们可以看到"世界杯"这个关键词在最近一个月中的搜索指数的变化。非常明显,在 6 月 13 日(开幕式)后,这个关键词的搜索量有巨幅提升。此后,除了休赛的几日有下浮外,其余时间都保持较高的搜索量。

在"搜索指数"以下,有填充背景部分的小型趋势变化图是"世界杯"的媒体指数,也就是媒体发表过的和"世界杯"相关的报道数量。媒体方面的趋势图虽不像搜索指数那样有非常明显的变化,但当我们将时间线进一步拉长时,仍然可以发现在近期媒体报道的巨幅增长。如图 2-25 所示,是从 2014 年初开始至 7 月的"世界杯"搜索指数和媒体指数。用户可以通过调整趋势图最下方的时间轴来延长或缩短统计时间。

进一步研究,我们会发现百度指数不仅仅提供 PC 端的搜索指数变化,同时还提供移动端设备的搜索指数变化。通过这个细节的调整,不难看出目前移动端用户快速增长的趋势。

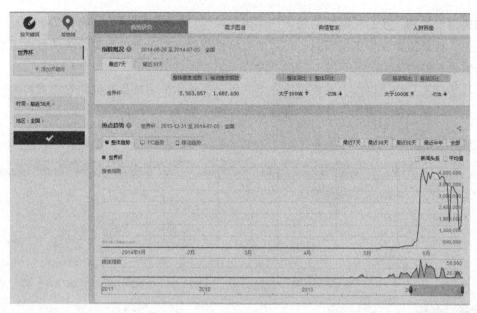

图 2-25　世界杯搜索指数变化情况

在"趋势研究"的左侧，我们还发现百度指数允许用户同时搜索两个不同的关键词，并加以对比。比如，当我们在"世界杯"这个关键词的基础上加入 2014 年热播的韩剧"来自星星的你"，则会出现 2014 年上半年这二者的搜索趋势对比情况，如图 2-26 所示。我们不难发现，"来自星星的你"的关注度最高的时间点是 2014 年 1 月到 3 月，在 2 月末达到顶峰，此后逐渐回落；而"世界杯"在 6 月以前的搜索量也可以忽略不计，但在 6 月中旬以后则达到了"来自星星的你"最火热时期的水平。

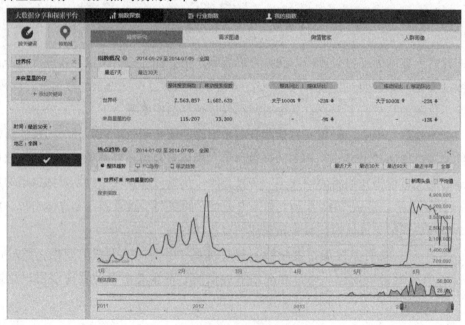

图 2-26　百度指数搜索对比

百度指数的这个功能可以帮助网络编辑清晰地了解哪一个关键词或关键词背后所反映出的事件是用户真实关心的。此外，也可以帮助网络编辑看清关键词的发展趋势：对于在上升的，近期则可以多花精力，大量报道；对于在下降的，则可以把精力撤出来，关注其他事件。

除了"趋势研究"外，百度指数还提供"需求图谱""舆情管家"和"人群画像"三种数据。在"需求图谱"中，百度指数详细呈现和用户所查询的关键词相关的其他关键词。如图2-27所示，图中出现的关键词都是搜索"世界杯"的用户也会同时搜索的。距离"世界杯"的蓝色圆圈越近，代表相关程度越高、搜索指数越高，如"世界杯文字直播""世界杯赛程"等。而如果关键词出现在图片上半部分，则代表这些关键词的搜索量在呈现上升趋势，也就是说有越来越多的用户在对这些关键词进行搜索。网络编辑利用"需求图谱"，就能很快发现近期用户关注的焦点，并根据关键词制订相关的内容策略。

在"舆情管家"中，百度指数详细呈现了和查询关键词相关的媒体报道记录。如图2-28所示，这个页面不仅让用户知晓媒体报道量的变化曲线图，同时，当用户将鼠标上移至曲线图中的字母A、B、C等时，还可以看到当天对应的媒体报道。

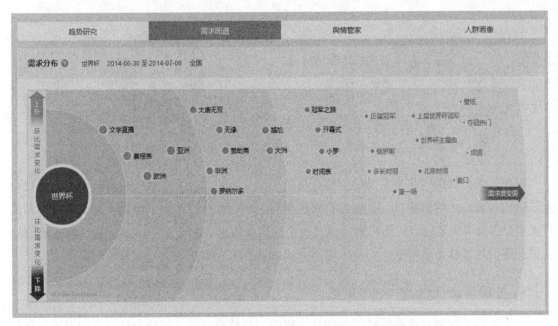

图 2-27 百度指数中基于"世界杯"关键词提供的需求图谱

最后一个数据值"人群画像"，则针对搜索该关键词的用户进行了定性分析。目前人群画像中包含对用户地域分布、兴趣分布、年龄和性别四个方面的分析。在图2-29中，从搜索"世界杯"的人群属性来看，我们不难发现20～39岁的男性是关注世界杯的主力人群。

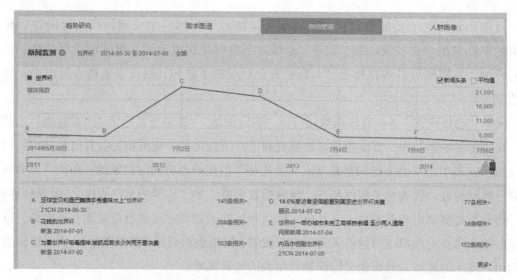

图 2-28 百度指数中基于"世界杯"关键词提供的舆情数据

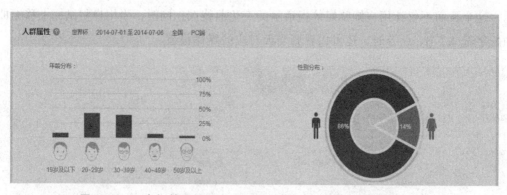

图 2-29 百度指数中基于"世界杯"关键词提供的人群属性分析

百度指数提供的这些基于关键词的数据给了网络从业者很大帮助。作为编辑，你可以借此了解用户真实的内容需求，挖掘他们真正感兴趣的信息进行编辑、发布；作为电子商务的从业者，你也可以通过分析用户属性满足他们的购买需求。总而言之，利用好关键词小工具，可以让我们的工作事半功倍。

4. 关键词衍生概念

（1）核心关键词：指能概括一个网站主题的、最简单同时也是搜索量最高的词语。比如一个英语学习类网站，其核心关键词很有可能就是"英语"或"英语学习"；一个 SEO 服务类网站，其核心关键词则可能是"SEO"或"搜索引擎优化"；当一个网站有了品牌效应，核心关键词也可能包含品牌本身，比如"淘宝"或"百度"。

通常来说，网站的 SEO 工程师或技术团队会分析、比较多个相关关键词，最终为网站确定一个核心关键词，并围绕它展开一系列优化过程。

（2）长尾关键词：指和核心关键词相关、对核心关键词内容有所拓展的关键词。长尾关键词通常是词组，甚至是短句。它对核心关键词的内容有进一步的界定或说明。其优势在于，数量可以很多，相对于核心关键词所面临的竞争较小。

依然以"英语学习"为例，这个核心关键词的长尾关键词可以是"少儿英语学习""英语四六级学习""商务英语学习"等；而"SEO"的长尾关键词则可能是"企业 SEO 优化""门户网站 SEO 优化"，甚至"哪家公司 SEO 做得好"等。

对于网站整体的 SEO 而言，首先是要确定和自身业务挂钩的、精准的核心关键词。其次，再围绕这个核心关键词挖掘一系列的长尾关键词。而编辑的工作则需要根据这些长尾关键词来组织、建设内容。

2.3.5 【实践任务】网络信息编辑工具：CMS 系统的使用

所谓"工欲善其事，必先利其器"，网络信息编辑的工作亦是如此。相对于传统媒体的记者或编辑来说，网络信息编辑的技术含量更高，需要更多地使用计算机软件。我们将在这里集中介绍一种网络编辑常用的工具：CMS 系统。

CMS 的全称是 Content Management System，意为"内容管理系统"，是一种现代网站用以审核、编辑、发布、修改信息、制作网站专题、与网友互动的专业信息编辑工具。CMS 系统除了被应用在网站内容编辑上，还常常用于企业网站的建设、电子政务的实施等，用途相当广泛。目前比较流行的 CMS 产品包括 PHP 语言的的 CmsTop、PHPCMS、WordPress 和 ASP.NET 语言的 PowerEasy SiteFactory、SiteServer 等。有的 CMS 系统开源免费，也有的加密收费。通常来说，媒体在原始的 CMS 系统基础上，还会根据自身网站的需求加入不同的功能。所以几乎每一家网站的 CMS 后台都略有不同之处。

本小节我们将以 SiteServer 的 CMS 后台为例，对此系统的主要功能进行讲解。虽然其一些细节可能跟其他网站有所不同，但大致的使用技巧都是一致的。

1. CMS 内容编辑器

所谓内容编辑器，是指网络编辑用以编辑文字、图片、音频和视频等信息的工具，是 CMS 系统中的重要组成部分。在编辑器出现之前，网络编辑要改动网页上的内容就必须像程序员那样对整个网页上的信息进行修改。其所用工具通常是 FrontPage 或 Dreamweaver，有时甚至需要用到 Edit plus 这样专业的代码工具。这样的工作方式有两大缺陷：一是需要网络编辑掌握较高的软件操作技巧和丰富的代码知识，这需要经过一段时间的培训才能掌握；二是操作复杂，非常容易出错，如果一不小心改错了一个代码，就可能导致整个页面布局的混乱。

CMS 内容编辑器的出现大大降低了网页内容修改的难度。有了内容编辑器，编辑就可以只对网页中的文字、图片等信息的部分内容进行修改发布，而不需要同时改动网页上其他固定的架构、排列等，CMS 系统会自动为该内容的生成前台页面。其操作简单易学，上手极快。

这种编辑器后来也被广泛运用到博客平台上。如果你曾经写过博客或 QQ 空间，那么你就能很快上手 CMS 编辑器。图 2-30 所展示的就是 SiteServer 的 CMS 后台内容编辑器。

首先选择你负责的栏目，添加内容。此处要求编辑填写发布文章所需的基本信息。

1）标　题

标题处录入的内容是文章的题目。表单后面有一个"格式"按钮，此按钮是用于编辑文章标题在前台显示的大小、颜色、字体样式，有粗体、斜体、下划线、颜色四个选项。默认选项是隐藏的，需要点击后面的"格式"按钮才会出现。如图 2-31 所示，设置标题的格式为"粗体""红色"。①

图 2-30　CMS 编辑器（为保护网站版权，有部分内容隐去）

---

① 网页颜色的表示方式有：英文单词颜色值，如 Red；十六进制颜色值，如#FF0000；RGB 颜色值三元数字，如 rgb（255, 0, 0）；RGB 颜色值三元百分比，如 rgb（100%, 0, 0）等.

图 2-31 设置标题格式

2）副标题

一篇文章可以有正副两个标题，此处即录入文章副标题。如无，此处可省略。

3）图 片

此处图片的主要的功能是上传一张文章中具有代表性的缩略图，主要作用是在网站首页或栏目列表页中显示，相当于文章的封面图。如图 2-32 所示，为栏目列表页调用文章的图片。

跟内容正文里图片的区别是正文里的图片只能运用于正文而不能单独提取出来展示，但此图片可以在任意地方调取。还有就是此图一般为缩略图，比较小，但内容里的图片大部分为大图。

图 2-32 栏目列表页调用文章的图片、摘要

在此处字段后面有"上传""选择""查看""新增"工具。

上传：即从本地上传一张到服务器。

选择：即直接在网站目录里面选择某张图片。

新增：即可以上传多张图片。

预览：即查看图片。

4）附 件

此处可提供文件下载功能，附件格式支持 zip、rar、7z、js、css、txt、doc、docx、ppt、pptx、xls、xlsx、pdf 等。

5）外部链接

此功能一般应用到友情链接功能。如果在此处输入地址，那么在首页或列表页点击标题就不会进入内容的详情页，而是直接跳转到该网址。

6）内　　容

此处录入的内容为文章的正文。在此文本区域以上，我们还可以看到许多小图标。细心的读者不难发现，这些图标很多和我们常用的 Word 软件中的图标非常类似，比如字体加粗、左右对齐、添加图片、超链接等，而它们的作用也都和 Word 软件中的一样。即便是有一些不太常见的图标，大部分的编辑器也会在用户把鼠标移到这些图标上方时，给出具体的文字提示。

但 CMS 编辑器与 Word 软件最大的区别，是大部分编辑器都会提供可直接编辑信息的源代码（HTML）的功能。如图 2-33 所示，点击"HTML"按钮，就会得到内容完整的 HTML 代码，熟悉 HTML、CSS 的网络编辑也可在"HTML"模式下进行内容的编辑。

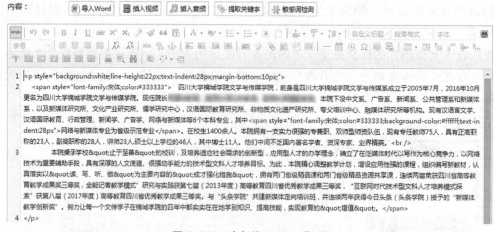

图 2-33　对应的 HTML 代码

7）内容摘要

内容摘要是一篇文章的内容简介，主要应用于栏目列表页的内容介绍和文章内容页的导读。在此处，网络编辑可以简要归纳全文，并写出引导性较强的文字，以吊起读者的胃口，引导读者阅读全文。

8）作　　者

可应用于栏目列表页或文章内容页显示文章的作者。

9）来　　源

可应用于栏目列表页或文章内容页显示文章的来源。

10）添加日期

显示文章的添加日期，默认为添加文章的时间，此日期可以自定义。

11）内容属性

内容属性包括"推荐""置顶""热点""醒目"。可根据网站程序员调用的在前台显示的推荐内容、醒目内容等列表来进行设置。另外，一个网站的文章一般是按照时间的先后顺序进行发布。但栏目的负责人或主编可以对精华内容加以筛选，将重点文章推送到首页或栏目列表的前列。

12）内容标签

内容标签处主要是录入文章的关键词。

13）状 态

CMS 系统中有审核机制，所有的内容都必须是在终审通过状态网站才能显示，否则网站前台不会显示出来。一些正规的媒体机构往往还会对编辑设定多层审核权限。权限最高的主编能够对文章设置"终审通过"或设置"推荐""置顶"，能够添加或取消编辑权限，甚至还有数据统计权限，可以查看频道流量、每位编辑的工作量等。低一级的正式编辑可以对文章进行编撰、发布，以及审核实习编辑的文章等。最低级的实习编辑或兼职编辑，则只能添加或修改"草稿"文章，需要通过正式编辑审核才能被发布到网站。实习编辑也不允许查看或修改其他网络编辑的文章。

14）转移到

添加此文章时，可自动将此文章转移到选择的网站或栏目，生成一条一模一样的内容。转移有两种方式：

复制：复制一条一样的内容到另一个栏目。

引用：在另一个栏目里复制一条一样的内容，但点开文章看详情的时候会跳到原栏目下文章页。

2. CMS 的文章库管理

略有规模的信息平台网站每天都会发送几十、上百篇文章，如何对这些文章的发布进行排序？如何控制它们出现在网站的哪个地方？又如何把重要的内容推送上首页？这些都可以通过对文章库的管理实现，如图 2-34 所示。

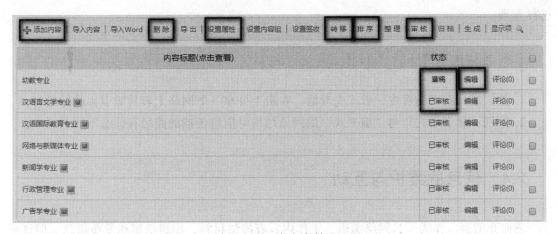

图 2-34 文章库管理

1）添加内容

在该栏目下新增一篇文章。

2）删　　除

可以将该栏目里选中的内容删除。

3）设置属性

设置属性跟添加内容里的属性一样，在此可批量选择需要设置的内容，然后点击对应的属性设置。也可取消对应的属性。

4）转　　移

转移功能跟添加内容时里的转移到功能一样。此处可以批量转移，转移时多了一个"剪切"选项，转移后当前栏目就没有此条内容了。

5）排　　序

设置内容的排列顺序。

6）审　　核

审核功能是设置内容的状态。类似于添加内容里的状态。

7）编　　辑

编辑是对添加好的内容进行修改，界面跟添加内容一样。

除了上述的文章编辑和文章库管理功能以外，CMS 系统还提供一个强大的"专题制作"功能。我们将在专题策划与制作的章节中详细讲解。

总而言之，CMS 内容管理系统目前是网站内容编辑的主流工具。虽然不同 CMS 系统有细节上的不同，但其最基本的功能都是一样的。每家网站根据业务的需求，还会后续加入很多符合实际应用的小功能，但所有这些都是为了辅助编辑快捷、简易地对内容进行管理。

【思考与练习】

1. 常言道：看书先看皮，看报先看题。在班上分享一下网络上容易吸引你的标题特点。
2. 区别"金字塔式"与"扁平式"的网站结构对信息传播的路径有什么不同的影响？

2.4　信息的维护与互动

前面介绍到，作为一名网络编辑，工作内容有搜集材料、编辑撰稿和发布信息，但这还不是工作的全部。互联网媒体相对于传统媒体最大的特点或优势就在于其双向传播的特性。

这也就是说，当我们把信息发布出去，受众将接收到信息并做出反馈。针对他们的反馈，编辑再对信息进行维护、与用户互动，这才形成了一个完整的发布流程。而在和用户交流的过程中，网络编辑也往往会得到新的灵感或用户最真实的需求，从而开始新一轮信息收集、发布的过程。

2.4.1　信息的维护

通常出现以下情况的时候，说明编辑需要对信息进一步跟踪维护：

（1）事件自然发展。多数新闻事件都会持续一段时间，所以当每次有新闻点爆发，都意味着编辑应该跟进一篇新文章。与此同时，应将新文章的链接加入到已发布的文章当中。

（2）信息发生错误。事实性的错误当然是不可容忍的，除此以外还包括错别字、标点等较小的问题，一旦发现后也应及时更正。

（3）发生版权纠纷。曾经互联网是一个版权意识淡薄的地方，无论文章、图片、影片都时常发生盗用不署名的情况。随着时代发展、国家相关法律的健全，这一情况正在慢慢好转，但同时我们必须承认需要时间来树立行业规范。因此，如果网络编辑在并不知情的情况下误用了他人的作品，一旦发现应尽快从网站删除或注明出处，以尊重他人的知识产权。当然，如果有其他网站盗用了你的作品，你也可以通过法律途径向对方发出警告，要求对方做下架处理。如果情况恶劣的，还可以直接发出律师函。

信息的维护通常也就是针对以上情况而对原信息做出的处理过程。通常有以下几种处理方式：

（1）修改。如果发现原信息中的错误，可以有针对性地局部修改。

（2）增补。当新的事实出现，可以将补充信息更新到原文中去。如果事件出现重大进展，则可以新发布一篇文章，并将新文章的链接嵌入到旧文章中去。

（3）删除。通常是针对发生版权纠纷的情况。

2.4.2　信息的互动

互联网媒体最为人所称道的属性就在于其双向交流、互动性良好，比如门户网站中的实时评论、论坛中的发帖回复等。当然，各种带有社交属性的网络产品，如 SNS 社区、博客、微博等，其互动性更好。但我们此处主要还是讨论门户类网站在发布信息之后，能够进行的信息互动方式。因为产品的局限，这类互动方式较为传统，自由度较低，但也不失为对信息本身的一种补充。

常见的资讯类网站的互动方式通常包含以下几种：

1. 评　论

在信息下方开设留言区域，引导读者针对该条信息本身进行评说讨论，是最为常见，也最为经典的互联网媒体互动方式。如果某些新闻评论的质量高，还会形成对信息本身的补充。有的编辑甚至可以从评论本身发展出一篇新的文章来。

一些视频网站能允许观看视频者发表评论或感想，但与普通网站只在信息下方留言区显示不同，其会以滚动字幕的方式实时出现在视频画面上，保证所有观看者都能注意到，从而实现观看者间的互动，增加观看乐趣。如果观看者觉得有碍观看的，也可选择暂停显示弹幕或者根据弹幕字眼进行特定屏蔽，而视频上传者或管理者也可以对这类干扰性的字幕予以清除。如图 2-35 所示为某游戏视频网站的弹幕评论。

要注意的是，一个网站的评论数量与质量通常需要编辑引导，而并不是简单地把评论区域开发出来，用户就会自动去评论的。尤其对于较小的网站来说，更是需要编辑用技术手段、用活动多方刺激。常用的方法通常包括：

（1）从文章编辑着手，留下讨论空间。一篇文章如果把话"说满了"，读者往往会觉得无话可说，自然也就不会去评论。所以编辑在撰稿时，就不妨在文章最后留下一个小话题，引导读者对事件展开讨论。如果有可能，在选材上也可以有倾向性地选择某些冲突较为激烈的话题，从题材入手激发读者讨论。

（2）组织"马甲"，先提供一部分高质量的评论。所谓"马甲"，是指编辑除了自己的账号外所拥有的其他本网站账号。通常一个人可以拥有多个账号，除了常用的账号外，其他账号则是拥有者的"马甲"。"马甲"有时也指"水军"，是和编辑熟悉的网友群。这群忠实"粉丝"比普通网友更加认同网站的经营理念，甚至可以称他们是"外围"的编辑团队。

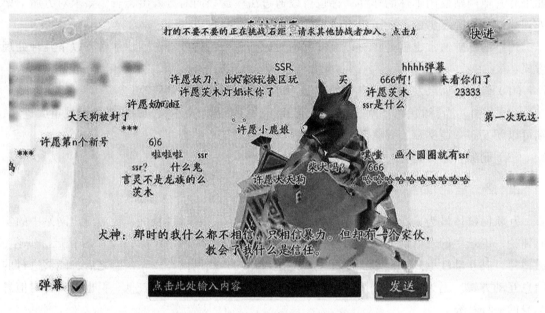

图 2-35 某游戏视频网站的弹幕评论

组织"马甲"回复的好处在于，可以让后来的网友看到文章下方已存在少量高质量的回复，网友出于同理心，则很可能也发表自己的看法。强调评论的"高质量"，是不希望评论区一开始就只出现"顶""沙发""好文"等过于简单的回复。因为这些回复通常会导致其他网友跟进类似回复，甚至因为回复过于无聊而不想加以评论。

（3）设置奖励。这是指将有奖励的活动融入整个评论机制，设置规则引导用户多多评论。比如，在某段时间内，只要发表评论，就能获取一定量的虚拟货币或分值；又或者，在评论中随机抽取某些用户获得实物奖品。这些手段都能确保在短期内增加用户评论的数量。但要注意的是，任何一种有奖活动都有其时间效应，一段时间后用户就会产生疲劳感，使活动效应降低。所以，编辑需要不断策划新活动，并配合多种手段一起来促进评论的产生。

2. 调　查

以选择题的方式出现，针对某一社会现象或事件调查网友的态度，是继评论之后常常被网站使用的互动方式。如图 2-36 所示为搜狐汽车频道取消购置税优惠政策设计的小调查。调查相对于评论而言，参与门槛更低——用户花费时间少，参与方式简单，不失为一种经典的互动方法。但也是基于同样的原因，调查对于增加用户对网站的黏度就不如评论那么直接和有效了。

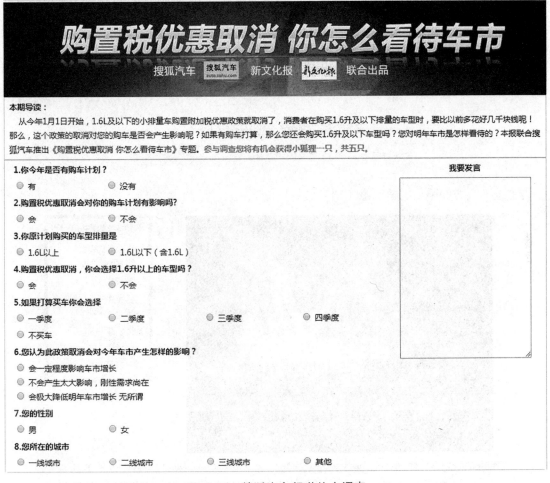

图 2-36　搜狐汽车频道的小调查

3. 页面小应用

一般的资讯网站通常会为文章提供诸如"打印""挑错""顶"等按钮，一方面增强与用户的互动，另一方面也为用户提供方便。值得注意的是，现在越来越多的网站都会将"分享"按钮放在显著位置，如图 2-37 所示。这迎合了当下社交类网站的需求，让用户能方便地将自己喜欢的资讯分享到如微博、人人网、朋友圈等平台。用户的分享当然也同时为原网站起到了宣传作用。

图 2-37　网易文章下方的分享按钮

　　除了一般的资讯站点外，某些专业站点还会根据自身用户的需求，设计与专业相关的页面互动应用。以沪江网（http://www.hujiang.com/）为例，作为国内知名的外语学习类网站，该站点就在页面右侧设计了"背单词""贡献本文翻译""贡献本文录音"等应用，从辅助用户学习外语的角度出发，为用户提供互动机制，如图 2-38 所示。

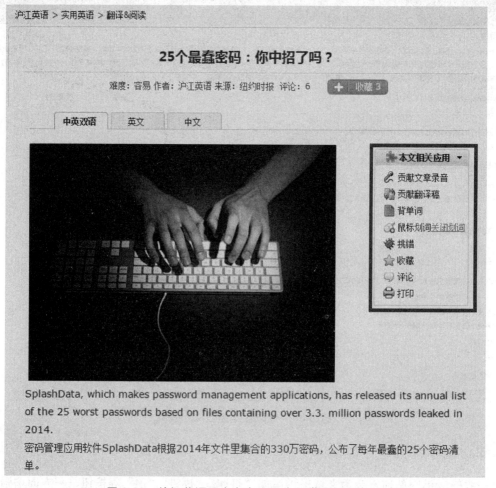

图 2-38　沪江英语网在文章页面中提供的相关应用

【思考与练习】

1. 请简要说明怎样避免发生版权纠纷。
2. 网络编辑应怎样引导网站评论的方向？

3　网络多媒体信息编辑

【章首点睛】

网络信息突破了传统媒体时空的限制，实现了文字、图片、音频、视频等多种媒体形式的整合。网络信息的多媒体化使信息能够展示出更加丰富、全面、客观、专业的内容。

本章将分别介绍各种形式的网络多媒体信息的编辑，包括图片信息、音频信息、视频信息。

3.1　网络图片编辑

图片在网上出现的频率仅次于文字，许多网站设立有专门的图片频道，例如：腾讯图片（http://pp.qq.com/）、人民网图片（http://pic.people.com.cn/）、新浪图片（http://photo.sina.com.cn/）等。这种以互联网为载体，对最新发生或正在发生的事实通过单幅或多幅静、动态图片进行报道的形式，比文字更能直观地反映现实、记录历史。因此，图片编辑是网络编辑的一项重要技能，图片选择和编辑的技能水平，直接关乎到整个网页的外观设计及传播效果。

3.1.1　网络图片的功能

总体来说，网络图片可以直观和形象地反映现实。它的主要功能有以下三点：

1. 信息易读，补充文字

图片信息本身就是信息。相对于文字，图片信息更具有易读性。因为文字要被理解，既需要有一定的文化水平，还需较长时间的阅读思维过程。而图片信息一经浏览，便形象再现事件发生现场，使读者得以直观、真实地看到事物的全貌，或多或少都能接收到其所传递的信息。此外，网络信息中常常会用到的示意图、图表、漫画、地图等元素，在用于统计或描绘事件的某些内容时，相比枯燥的文字更容易让人理解。

2. 视觉冲击，激励阅读

图片信息能够将人物及动物的动作、表情，现场地形、全貌和氛围等一览无遗地呈现给受众，从而带来很强的视觉冲击力。这样的图片在网页上作为正文的配图或者导读图片，很容易引导网民进一步点击，并且深度阅读文字。同时，图片通过人物的表情、身体语言、现场动态传递出人性化的信息，不仅吸引人的注意力，还能给人留下深刻的印象，可以被较为长久地记忆。

3. 客观描述，证实信息

文字往往会被认为自觉或不自觉地带有某种主观色彩，而图片则被普遍地看作客观的呈现。同时，文字可能有意无意地漏掉某些信息，而使用图片一般可以相对客观地表现对象的全貌。所以，网站对图片的使用，提供了该信息可信的依据。图片对提高网络信息的可信度具有重要意义。

总之，图片能够实现信息直观化、真实化、形象化，丰富人们的感官体验，利于人们理解和掌握信息要点和事件全貌。

3.1.2　图片在网络新闻中应用

目前，图片在网络新闻中的应用非常广泛。一般在新闻网站中存在以下几种组合：

1. 图文组合

多数情况下图片新闻采用图文组合方式。一种是以文字为主，用图片配合文字；一种是以图片为主，用文字配合图片。前者以图片恰当地陪衬消息，烘托文字新闻的气氛，对文字内容起补充或说明的作用；后者用文字来补充和解释图片未能展示的信息。如图 3-1 所示为一条图文组合的新闻。

南非开普敦陷缺水危机 今年4月或将面临存水量为零

近日南非开普敦被爆面临缺水危机，今年4月将出现存水量为零的情况（Day Zero），成为全球首座无水供应的城市。不过环保专家表示，开普敦缺水只是全球城市缺水的冰山一角，全球有十个超大城市严重缺水。

据BBC报道，按世界银行标准，如一城市每人每年获得少于1,000立方米食用淡水，那么可认定为缺水城市。由于地球只有3%水资源可供作食水淡水，所以人类食用水其实很少，目前全球有27亿人一年最少一个月面对缺水的情况。联合国更预计到2030年全球食水需求将比供应多40%，到时缺水问题更严峻。

调查显示纯粹因干旱而缺水的情况并不多见，就如开普敦连续3年干旱，但这里缺水的根本原因是当地人口增加，而人们并没有节约用水的意识，最后面临存水归零的情况。

图 3-1　图文组合的新闻

2. 图集新闻

图集新闻一般由几张或几十张图片按一定的逻辑编排而成，网页表现为多张图片连续切换播放。每张图片都需要一条简明、通畅的分说明，而第一张图片则需要一条概括图集的总说明，如图 3-2 所示，为腾讯网"中国人的一天"频道的图集新闻。

图片说明大多只有一两句话，长则一两百字，短则几十个字。主要说明：

（1）画面上正在发生什么事。

（2）与正在发生的事情相关的背景情况。

（3）显示出深刻性、揭示性。

图 3-2　腾讯网"中国人的一天"频道的图集新闻

3. 信息长图

信息长图是网络图片新闻的一种新形式，现在很多媒体开始使用"一张图读懂××"的形式来传达信息，这种图就是信息长图。如图 3-3 所示，为新华网"数据新闻"频道的信息长图。

4. 图片专题

图片专题指的是以图片为基础的新闻报道，一般以大量的图片展现和简短的文字说明构成一个专题。图片专题常针对的选题有：重大新闻事件、热点问题、人的生存状态、人与自然的关系、人文与自然景观等。策划图片专题时，主题要突出，信息要真实，视觉上要有冲击力，透过照片应能感受到故事性、情节性、现场感、信息量和感染力。最好选择不同角度或不同信息的图片，将全景、近景、关系照片、经典的瞬间、过程照片、结论性照片等结合起来展现。

如图 3-4 所示为人民网"2014 年全国大范围干旱"图片专题，专题从全国各地受灾情况、抗旱措施等方面对新闻进行报道。

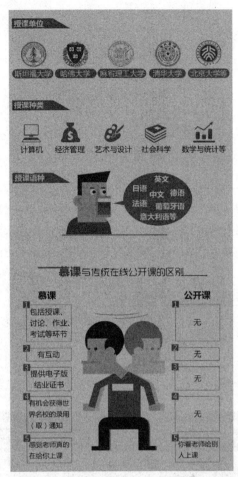

图 3-3 新华网"数据新闻"频道的信息长图——《关于 MOOC 的二三事》

图 3-4 人民网"2014 年全国大范围干旱"图片专题

3.1.3 网络图片的获取渠道及选用标准

1. 网络图片的获取渠道

网络上的图片很多，部分来自扫描，部分来自计算机绘制，还有部分来自数码设备和图片网站等其他途径。网络图片的获取渠道是多种多样的。

1）专业图片网站

以新闻为支撑的网络媒体发展越来越趋于合理和完善，尤其是众多门户网站的发展，使最初简单的以文字为主要内容的网络媒体，现在呈现了一种图文并茂的景象。网络媒体需要应用大量的图片来丰富自身的内容。有需求就会有供给，随着网络图片的需求量增加，出现了一些专门为网络媒体提供图片的网站，如五洲图片库（http://www.ciccphoto.com/）、人民图片网（http://vip.people.com.cn/）等。但这些图片网站作为图片提供者，一般是需要收费的。

当然，除了需要付费使用的图片库之外，网络上也有很多提供免费图片服务的网站，比如全球图片网（http://www.photosohu.com/）。如图 3-5 所示为全球图片网创意图片栏目页。

网络上的这些图片网站在风格和内容上的侧重有所不同，如五洲图片库和人民图片库，在新闻图片方面的功能更加突出，而全球图片网侧重于图片素材的提供，比如风景名胜、创意广告素材等。网络编辑可以根据网站特点结合使用。

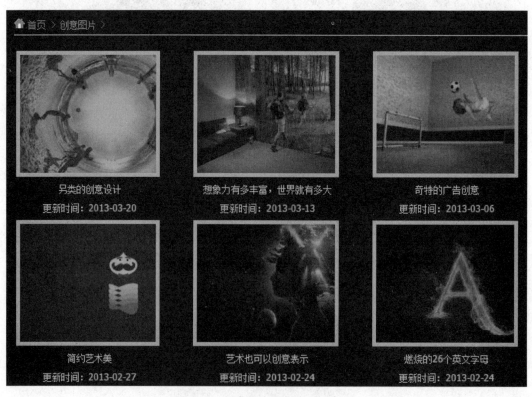

图 3-5　全球图片网创意图片栏目

2）网站自身拥有的图片频道

除了图片库提供图片外，有很多网站也都设立自己的"图片频道"。比如腾讯图片
（http://pp.qq.com/）、人民网图片（http://pic.people.com.cn/）、新浪图片
（http://photo.sina.com.cn/）等。如图 3-6 所示为人民网图片频道首页截图。

在图片频道下面，一般又细分栏目进行管理。以人民网的图片频道为例，包括"国内"
"国际""社会""娱乐""体育""军事""科技"等栏目。

图 3-6　人民网图片频道首页

3）搜索引擎

随着搜索引擎的发展完善，很多搜索引擎都把图片搜索作为自己的搜索服务之一，比如
百度图片（http://image.baidu.com/）、必应图片（http://cn.bing.com/images）等。如图 3-7 所
示是百度搜索引擎的图片搜索页面。

图 3-7　百度图片搜索页面

值得一提的是，百度图片在搜索的栏目中有"图说天下"一项，主要为新闻类图片。该栏目下又按国内、国际、社会、娱乐、体育、军事等专题进行了细分。网络新闻媒体的编辑据此可以很方便地搜寻新闻图片。

另外，针对图片的不同应用，百度图片可以按尺寸、颜色、类型、格式对搜索结果再进行筛选。

4）其他渠道

网站上的图片除了从别的网站购买或者转载外，还有一部分是自己拍摄或者制作的。有的网站已经具有了自己的专职新闻记者，可以自己拍摄新闻图片。

此外，对于一些新闻图表、图示和漫画等，网站编辑人员可以根据需要利用 Excel 等统计工具自己制作。如图 3-8 所示，新闻中就用到了"2014 年第 45 周成都市商品房新增、成交走势"图表。

一周楼市：成都住宅成交2060套 环比上涨15.03%

腾讯房产成都站 2014-11-11 08:46　我要分享　　　　　　　　　　🔲 5

无论是"9·30"央行新政对改需的刺激，还是公积金新政对刚需的促进，一定程度上都会对楼市成交的稳定和回升起到作用。继10月份成交持续上涨后，11月第1周，成都楼市开门红。从中成房业市场周报的数据来看，上周成都商品房成交环比上涨18.33%，住宅成交环比上涨15.03，成都楼市日渐回暖。

1、成交量成交继续上涨 别墅成交量上涨85.86%

本周成都商品房成交63.03万㎡，环比上涨8.72%。其中主城区成交20.36万㎡，占比32.29%，环比上涨18.33%。

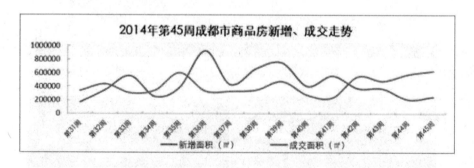

本周成都住宅成交53.92万㎡，环比上涨9.21%，约2060套。其中主城区成交17.24万㎡，占比31.97%，环比上涨15.03%。

本周双流（成交8.87万㎡）和彭州市（成交5.92万㎡）排在前两位。

图 3-8　大成网房产频道新闻的图表

2. 网络图片的选用标准

有这么多获取图片的渠道，那么我们怎样选择一张合适的、能够与读者产生共鸣的、震撼读者心灵的、帮助读者深刻理解新闻内容的图片呢？选用图片的一般标准如下：

1）新闻性标准

新闻图片应直接来自现实生活和新闻事件发生现场，并直接呈现给受众，即应最大限度地追求新闻信息量。

2）真实性标准

新闻图片应符合事实以及人物的本来面目，避免"导演"和"摆拍"。除了对无关紧要的内容进行局部裁剪，对图片大小进行压缩外，不能更换主题，更不能"偷梁换柱"。

3）及时性标准

新闻图片一般是对新近发生或正在发生的事实的报道，因此必须注重其时效性。

4）清晰性标准

从新闻图片的质量上来说，一般要选择主题突出、清晰的图片。

3.1.4　网络图片新闻编辑

相比纯文本的网络新闻编辑，图片新闻的编辑技术要复杂一些。首先要进行基本的图片处理，包括裁剪图片、转换格式、添加水印等，然后才是图片新闻的编写，做好文字说明及标题的处理。

1. 图片处理

1）图片裁剪

图片的裁剪可以帮助读者清晰地抓住新闻图片所要传达的信息。当编辑选定了图片之后，应根据画面表现主题的需要，对图片进行必要的裁剪加工。

裁剪图片的原则一是根据内容裁剪，二是根据放置位置的需要裁剪。新闻照片拍摄现场的背景、光线、人物、形象往往受到诸多限制，通过裁剪掉图片内那些与本质无关，甚至有碍的部分，可使主题更加突出，气氛更加完美。图片在网站中的放置位置决定了图片的尺寸，因此需要根据图片的放置位置裁切、修饰图片，必要的时候还可以将文字与图片合成为一幅图。另外，裁剪时一定要忠于事实，不做虚假加工。

2）图片格式转换

尽管很多网站现在都力推高清图片，但出于网页浏览速度和网页布局的考虑，有时候还是要对图片进行压缩处理。比如，主页图片可能要求的像素高些，而正文图片要求的像素低些。网络中常见的图片存储格式有 BMP、JPEG、GIF 和 PNG 等。可以用图片处理软件 Photoshop 或美图秀秀等对图片格式进行转换。

3）添加水印

添加水印也是一种技术处理方式。随着网络著作权、版权意识的增强，越来越多的网站选择对自己的原创图片、独家图片添加带有网站标志的水印，但要注意水印的添加位置最好不要影响图片的信息传递和视觉效果。

2. 图文编辑

处理好了图片，接下来就应该正式撰写图片新闻。图文编辑最基础的工作是为图片配标题、文字说明、作者或来源，并选择图片发布位置等。

1）标　题

标题是网络图片新闻最基本的要素之一，标题不仅要起到传递图片新闻信息的作用，还要发挥吸引读者点击阅读的功能。标题的编辑方法可参照 2.3.3 节。

2）文字说明

图片的文字说明要么提纲挈领地介绍新闻事件发生的时间、地点及情况，要么解释图片的主题内容，揭示图片的深刻内涵。文字说明应主题集中、语言流畅、层次分明、短小精悍。好的文字说明能给图片增色、增彩，使画面更生动，甚至能够深化图片的主题。

3）图片作者或来源

在图片新闻中注明图片作者或转载来源，既能维护作者的版权，保护著作者权益，也能让读者对新闻本身产生更多信任。

4）选择发布位置

图片的发布位置也要根据正文内容进行调整，要考虑是将其放在文首，文中，还是文尾。一般图文组合的新闻，应避免将图片插入到新闻正文的最前面，因为图片文件对搜索引擎不友好，通常可将其放在新闻提要或导语的后面。有时还要根据图片的多少，考虑是在一个网页内全部展示，还是选择用"下一页"超链接的方式发布。

另外，网络新闻中的图片也不是越多越好。因为一幅图片占用的存储空间远远大于文字，假如不必要的图片占据了空间，会造成网页传输的困难，也会影响传播效果。所以，网络新闻中图片的使用一定要适量、适宜。

3.1.5 【实践任务】信息图的制作

1. 信息图简介

信息图，是指数据、信息和知识的可视化表现形式。信息图将原本复杂的信息和逻辑关系通过图形形象、精确地表达出来。复杂的数据信息用简单的象形图和明细的表格形式来表现，信息变得一目了然，更容易被读者接受，给人轻松阅读的感受。[①]

---

① 海天电商金融研究中心. 一本书玩转信息图的制作[M]. 北京：清华大学出版社，2017.

信息图在新媒体运营中占有越来越重要的地位。在这个快速阅读的时代，冗长的文字会消磨人们阅读的耐心，且容易让人们跳过其中的重要信息。信息图改变的这种形式，它通过强大的视觉化冲击力，能够快速地吸引大家的眼球。枯燥的数据通过相关图形表达出来，再运用丰富的设计元素，如色彩缤纷的表格、形象生动的图表和清晰明了的地图等，可以让读者很容易接受到信息。现今信息图被广泛应用于新闻传播、商品营销、出版业和公共事务中，体现出这种信息承载方式的普适性。

信息图的分类有多种，各分类之间并不是泾渭分明，学界业界也没有统一定论。在笔者看来，信息图可以分为五大类，即图形、表格、图表、图解和地图。

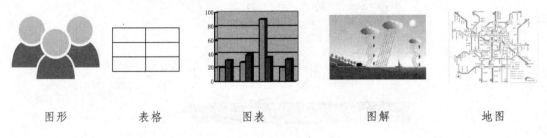

图形　　　　　表格　　　　　图表　　　　　图解　　　　　地图

图 3-9　信息图分类示例

2. 信息图制作的流程

信息图制作的流程可概括为：确定选题、调查信息、设计构图、执行制作、校对定稿。

1）确定选题

制作信息图首先也要考虑选题，分析制作信息图的可能性。如以下题材可以考虑用信息图来展示：

在事件中涵盖了数字、百分比，具有数据比较、发展趋势等信息要素。

事件发生的地点具有重要性，且可以找到最新的地图。

事件的发展按照时间顺序梳理更便于受众理解。

信息要素重大，值得推荐和强调，如影响重大的突发事件，建设成就或经济发展，重要政策和政府报告，重大工程的结构、进展或竣工等。

信息结构清晰，有明显的要点可以迅速概括，以帮助受众理解。

有些术语、名词需要解读才能更好地理解信息的价值和意义，如相关背景知识等。

2）调查信息

获取资料的途径有以下几种方法：

从信息图制作委托人那里获取。

请调查公司协助或直接购买调查公司的数据。

进行问卷调查。

从报纸、杂志、书籍等传统纸媒上收集信息。

从可靠的网站上收集信息。

将收集到的信息整理出重点，并将信息结构化。

3）设计构图

可通过制图软件或纸笔先构画出信息图草图。在线的信息图制作工具有 Piktochart（https://piktochart.com/）、easel（https://www.easel.ly/）、infogram（https://infogram.com/）、visual（https://visual.ly/）等。桌面制图的专业工具有 PhotoShop、Illustrator 等，另外像 Microsoft Office 里的 Word、Excel、PowerPoint 或 WPS 办公软件也可以完成信息图的制作。

信息图的设计有几个通用的要素，如图 3-10 所示。

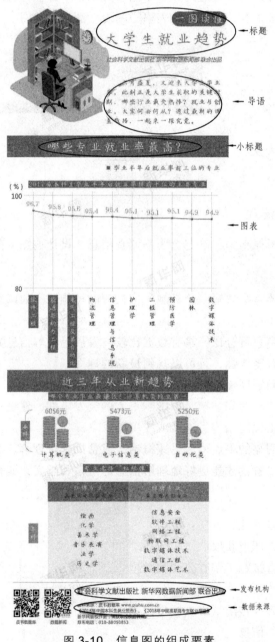

图 3-10　信息图的组成要素

（1）标题。

信息图的标题要放在醒目的页眉处。标题要选用能够概括整个信息图内容的词语。

（2）导语或简介。

用简短的几句话来说明信息图的重要意义或主要内容，作为标题的补充。

（3）小标题。

加入小标题以区分各个信息区域。

（4）制作者或发布机构。

在信息图中说明或标明 LOGO、二维码、链接等信息来表明信息图是谁发布的。如果信息图是用作宣传的，还需要标出联系方式等。

（5）数据来源。

要将信息图制作所使用的原始数据的来源标出来。通常数据来源放在页尾处。

（6）其他。

如有必要，可以在一些容易造成误解的地方添加注解等。

4）执行制作

执行制作，就是将设计的草图内容补充完整，用自己熟悉的绘图软件制作出来。

我们演示利用 WPS 的"输出为长图片"功能，将 PPT 演示文稿、Excel 报表等直接生成为信息长图，步骤如图 3-11 所示。

图 3-11　WPS 将文档输出为长图片

5）校对定稿

对图表构成元素的检验：一幅信息图表应该包括标题、解释性或概括性文字、点、线、图标、色彩、制图人署名及所属媒体。制图结束后，首先要看看这些要素是否齐全，是否符合规范，是否与本媒体的定位相吻合。

对内容细节的核实：图表编辑也要像文字编辑一样，在最后的把关环节审核是否存在政治性、导向性、原则性差错，核对是否有事实性、技术性差错，以及画面中是否有容易引起误解或存在隐患的地方。

3.1.6 【实践任务】二维码的制作

1. 二维码简介

二维码，又称二维条码，是用特定的几何图形按一定规律在平面（二维方向）上分布的记录数据符号信息的图形，可通过图象输入设备或光电扫描设备自动识读。二维码是近几年来移动设备上较流行的一种编码方式。

目前二维码的常用功能主要有：

信息获取（名片、地图、WIFI 密码、资料）。

网站跳转（跳转到微博、手机网站、网站）。

广告推送（用户扫码，直接浏览商家推送的视频、音频广告）。

手机电商（用户扫码、手机直接购物下单）。

防伪溯源（用户扫码、即可查看生产地；同时后台可以获取最终消费地）。

优惠促销（用户扫码，下载电子优惠券，抽奖）。

会员管理（用户手机上获取电子会员信息、VIP 服务）。

手机支付（扫描商品二维码，通过银行或第三方支付提供的手机端通道完成支付）。

互联网上在线生成二维码的工具非常多，如草料二维码、百度二维码、联图二维码等。并且大多都有免费服务。

2. 利用草料二维码制作简单的页面跳转二维码

下面以"网站跳转"类二维码制作为例，具体操作如图 3-12 所示。

（1）登录草料二维码网站（https://cli.im/），选择"网址"码。

（2）输入要跳转的网址。

（3）点击"生成二维码"。

（4）在网页右边可以预览生成的二维码。

3. 制作带 LOGO 的二维码

生成的二维码可以嵌入 LOGO。点击生成的二维码下方的"LOGO"，选择常用 LOGO，或上传本地图片。具体操作如图 3-13 所示。

图 3-12 "网站跳转"类二维码制作

图 3-13 制作带 LOGO 的二维码

4. 美化二维码

点击二维码预览区域的"美化器",选择"快速美化器",可对二维码进行美化设置。"快速美化器"是草料二维码推出的一个流程化操作的二维码美化工具。

快速美化器提供了多个二维码美化样式,然后还可以根据需要添加个性 LOGO,并对二维码的局部颜色或者码眼的样式做一些微调,让二维码更具有美感!

美化成功后,可以根据需要选择不同格式和不同尺寸的二维码来下载。具体操作如图 3-14所示。

图 3-14　制作带 LOGO 的二维码

【思考与练习】

1. 对比不同媒体的信息图，分析其在选题、形式上有何不同侧重。

（网易数读 http://data.163.com/special/datablog/，

澎湃美数课 http://www.thepaper.cn/list_25635，

财新数字说 http://datanews.caixin.com/，

新浪图解天下 http://roll.news.sina.com.cn/chart/index.shtml，

搜狐数字之道 http://news.sohu.com/matrix/，

腾讯数据控 http://news.qq.com/bigdata/，

新华数据新闻 http://www.xinhuanet.com/datanews/index.htm，

人民网 http://opinion.people.com.cn/GB/364827/）

2. 请简要分析图片在网络中的应用。除了文中所介绍的，你还能想到其他应用吗？

3. 以小组为单位，针对近期发生的一项热门事件进行图片信息收集，并策划图片专题。

4. 选取上一题专题中的资料，撰写一篇图集新闻。

3.2　网络音频编辑

中国互联网络信息中心（CNNIC）于 2018 年 8 月 20 日发布的《第 42 次中国互联网络发展状况统计报告》显示：网络音乐是中国网民互联网应用中，继即时通信、搜索引擎、网络新闻、网络视频之后的第五大应用服务，截至 2018 年 6 月，用户规模达 5.48 亿人，用户使用率达 71%[①]。

网络电台、音乐网站、在线听书等网络音频传播方式的存在与发展证明了音频具有独立传播的价值。以互联网和手机为代表的新媒体出现在人们的生活中后，音频的传播范围不断扩大了。新媒体音频一改传统媒体音频转瞬即逝、不易保存的特点，使受众可以随时随地选择收听，从而使音频的普及率和使用率都有了极大的提升。因此，有必要了解网络音频的传播方式，掌握如何编辑网络音频。

3.2.1　网络音频的主要传播方式

1. 网络电台

所谓网络电台，简而言之就是在网络上搭建的电台。从内容和表现形式来看，网络电台主要分为两大类。

[①] 中国互联网络信息中心. 第 42 次中国互联网络发展状况统计报告[EB/OL]. [2018-08-20]. http://www.cnnic.net.cn/gywm/xwzx/rdxw/20172017_7047/201808/P020180820603445431468.pdf

一类是传统广播媒体开办的网络电台，如依托中央人民广播电台而建的银河台（http://www.radio.cn/）、中国国际广播电台国际在线的怀旧金曲和英语漫听（http://gb.cri.cn/radio/manting.htm）、北京人民广播电台的青檬音乐等。

另一类主要是由网民或网络社区自发组建的电台。这类电台一般没有正式的直播间，也没有专业的主持人，是一种极具"草根"色彩的网络原生网络电台[①]，如好爱收音机、QQ电台（http://fm.qq.com/）、蜻蜓fm在线收听（http://www. qingting.fm/）等。

与传统电台比较，网络电台有如下优势：

1）突破时空限制

传统电台的传输受到地域、时差的限制使信息无法兼顾地球每个角落，网络电台则可突破这种时空上的限制。网络音频节目随时随地都可以流向世界的任一角落。并且网络电台比起传统电台可以拥有更海量的信息，还可以对这些信息进行分类，实用性更强。

2）动性增强

传统电台中主持人与热线电话听众的对话交流一般只能是一对一的双向交流，参与面十分有限。广播与网络融合后，主持人与听众由原来的双向交流拓展为多向交流，网络电台受众的反馈参与面大大扩大。

3）受众主体性增强

传统电台是由一点传向多点的单向信息传播模式，受众在时间和内容选择上都是被动的。网络电台则不同，受众可以先通过文字了解电台节目的内容，然后再根据自己的需要和兴趣来选择要听的内容。受众在 Internet 上获得信息时可以拥有更多的自主权，即可以自己选择何时、以何种方式获得信息。

如图 3-15 所示为蜻蜓fm在线收听页面。该网站集合了本地台、国家台、省市台、网络台等多个电台，网友可以选择收听直播节目；网站也收集了新闻、音乐、小说、相声曲艺等多种内容，网友可以选择收听录播的节目。在节目收听页面，网页还列出了相关的其他音频信息供网友选择。

2. 音乐网站

音频文件的另一聚集地点是各类音乐网站。与网络电台相比，音乐网站因不涉及新闻传播等敏感服务，这几年来在网络上发展迅速，已经颇具规模。

[①] 刘有刚. 网络音频传播研究[J]. 传媒e时代，2012（3）.

图 3-15　蜻蜓 fm 在线收听首页

音乐网站有综合的音乐门户网站，如一听音乐网（http://www.1ting.com/）、九酷音乐网（http://www.9ku.com/）等；也有一些专注于某方面功能或类别的音乐网站，如我爱歌词网、中国军歌网（http://www.jungewang.com/）、极限 DJ 音乐网（http://www.ccc333.com/）等。

目前，国内音乐网站的赢利模式，基本都是以用户在线收听、免费下载音乐的方式增加网站流量，而网站以流量为基础吸引广告。

3. 在线听书

【案例】朋友对话

——"你看过阿来的《尘埃落定》吗？"

——"没有看过，但是听完了。"

——"上下班路上时间太长，想看看书打发时间，可车子摇摇晃晃的，低头看久了头晕，对眼睛也不好。"

——"你可以听书啊！"

……

听书，指通过听觉来欣赏图书。一般由图书作者本人或专业播音员来朗诵图书中的内容。声音能把文字中不能直接表达的情感更生动地呈现出来，从而提高读者的阅读兴趣和效果。听书还可节省时间。有人计算过，听一本书要比看一本书节省一半多的时间。针对学习外语的人群来说，听书还可以学习发音，既易理解，又方便记忆。

目前有代表性的听书网站有静雅思听（http://www.justing.com.cn/）、酷听网（http://www.kting.cn/）等。静雅思听是一家专门提供知识类与思想类有声读物的网站，内容涉及历史、文化、环球、军事、生活、职场、经济等，如图 3-16 所示。酷听网也是国内较早正规化运营有声内容的网站，有声内容涵盖小说、人文社科、经管励志、军事历史、名著传记、相声评书、时事热点、儿童文学等十余个类别。

同时，听书网站也支持音频下载。网友可以将自己需要的"书"下载下来，拷贝到 MP3、手机等播放设备，从而随时随地地听书。

4. 音频手机客户端

随着智能手机、平板电脑等多种移动终端的兴起，世界开始进入移动互联时代，APP 已经成为人们互动交流的主流渠道，各行各业纷纷进入。很多基于 PC 端的网络电台、音乐网站和听书网站都发布了可以在手机上运行的应用程序，如目前市面上使用较多的听歌软件有酷狗音乐，听书软件有喜马拉雅听、懒人听书等。如图 3-17 所示为喜马拉雅听 APP 首页界面。

图 3-16　静雅思听首页

图 3-17　喜马拉雅听 APP 首页

3.2.2　常见的音频文件格式

音频文件的表示和存储有多种不同的格式类型。常见的音频文件类型有：

（1）CD-DA 格式。这是常见的 CD 唱片格式，几乎无损压缩，音质最好。CD 光盘可以在 CD 唱机中播放，也能用计算机里的各种播放软件来播放。

（2）WAV 格式。这是微软公司开发的一种声音文件格式，是数字音频技术中最常用的格式。WAV 格式的声音文件质量和 CD 相差无几，几乎所有的音频编辑软件都"认识"WAV 格式。但它是未经压缩的格式，所需存储空间较大。

（3）MIDI（Musical Instrument Digital Interface）格式。MIDI 文件并不是一段录制好的声音，而是记录声音的信息，然后再告诉声卡如何再现音乐的一组指令。这样一个 MIDI 文件每存 1 分钟的音乐只用大约 5 ~ 10 KB，占用存储空间比 WAV 文件要小很多。同时 MIDI 采用命令处理声音，容易编辑，因此受到音乐家和作曲家的广泛接受和使用。

（4）MP3 格式。MPEG-1（Moving Pictures Experts Group/Motion Pictures Experts Group）声音压缩编码是国际上第一个高保真声音数据压缩的国际标准，它分为三个层次。层 1（Layer1）：编码简单，用于数字盒式录音磁带。层 2（Layer2）：算法复杂度中等，用于数字音频广播（DAB）和 VCD 等。层 3（Layer3）：编码复杂，用于互联网上的高质量声音的传输，如 MP3 可以将高保真的 CD 声音以 10 ~ 12 倍的比率压缩，并基本保持其音质不失真。相同时间长度的音乐文件，用 MP3 格式来储存，大小一般只有 WAV 格式的 1/10，而音质只稍次于 CD 格式或 WAV 格式。由于其文件所占空间小，音质好，目前这种格式为主流的音频格式。

（5）WMA（Windows Media Audio）格式。WMA 格式同样来自微软。在相同音质条件下，其文件体积可以变得更小，压缩率一般都可以达到 1 : 18 左右，且压缩速度也更快。其音质要强于 MP3 格式。

（6）其他格式。包括：在网络带宽不高的互联网时代，主要适用于网络上的在线音乐欣赏的文件格式 RealAudio（*.RA/*.RM）格式；由苹果公司开发的，被 Macintosh（简称 Mac，也称 Mac 机或苹果机）平台和应用程序所支持的文件格式 AIFF（*.AIF/*.AIFF）等等。

在编辑网络音频时，选择数字音频格式可从三方面综合考虑：浏览器是否支持该格式、文件大小和保真性。

3.2.3　音频文件的获取与编辑

1. 音频文件的获取

从信息收集的角度来看，网络音频文件的获取渠道有：各电台或电视台向网络媒体提供的音频文件，从其他网络媒体站点上获得的音频文件，本网站的音频编辑采访录制的音频文件，互动网民提供的一些在新闻现场自拍的音频文件等等。

从技术角度来看，网络音频文件的获取方式有两种：一是通过音频网站、光盘或搜索引擎下载现成的素材；二是自己利用手机、专业的录音笔、录音机或者 PC 端的麦克风等进行制录。

音频采集与制作的质量要求：

达到一定的响度要求。

有效控制噪声。

声音保真度高。

恰当地进行混合处理。

2. 音频编辑软件

音频编辑软件是对数字音频进行录制、编辑、效果控制和混音合成等功能的软件。常见的音频编辑软件有 Windows 自带的"录音机"、多轨音频编辑软件 Adobe Audition 等。

1）Windows 自带的"录音机"

可使用 Windows 程序"附件"中提供的"录音机"软件来录制声音并将其作为音频文件保存。若要使用录音机，计算机上必须装有麦克风或其他音频输入设备。如图 3-18 所示为 Windows 7 系统自带的录音机软件界面。

图 3-18　Windows 7 系统自带的录音机

2）多轨音频编辑软件 Adobe Audition

1997 年 9 月 5 日，美国 Syntrillium 公司正式发布了一款多轨音频制作软件，名字是 Cool Edit Pro（"专业酷炫编辑"之意），版本号 1.0。1999 年 6 月 9 日，Syntrillium 公司正式发布 Cool Edit Pro 的 1.2 版本，升级后的 Cool Edit Pro 带有 30 种以上的效果器，其中绝大多数支持实时的效果预听。在接下来的一年多时间里，Syntrillium 陆续发布了几个插件，丰富着 Cool Edit Pro 的声效处理功能，并开始支持 MP3 格式的编码和解码。后来又使用过"Cool Edit 2000"的名字。2002 年 1 月 20 日，Cool Edit Pro 发布 2.0 版，开始支持视频素材和 MIDI 播放，并兼容了 MTC 时间码，另外还添加了 CD 刻录功能，以及一批新增的实用音频处理功能。

在 2003 年，Adobe 公司收购了 Syntrillium 公司的全部产品，并将 Cool Edit Pro 的音频技术融入了 Adobe 公司的 Premiere、After Effects、EncoreDVD 等其他与影视相关的软件中。同时，将 Cool Edit Pro 改名为 Adobe Audition。Adobe Audition 经过几轮产品迭代，目前最新版本是 Adobe Audition CC 2018。

Adobe Audition 提供先进的音频混合、编辑和效果处理功能，无论是要录制音乐、音频广播，还是要为录像配音，Adobe Audition 均可提供充分帮助。

如图 3-19 所示为 Adobe Audition 软件界面。

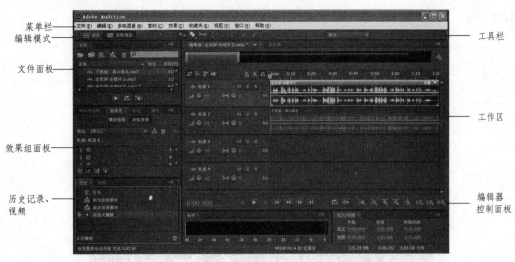

图 3-19　Adobe Audition 软件界面

3.2.4　【实践任务】使用 Audition 录制音频节目

下面我们来看看怎样用 Adobe Audition 进行建立多轨混音项目、录音、降噪处理、导入音频素材、剪辑音频片段、音效设置、合成 MP3 等基本操作。

1. 新建多轨混音项目

启动 Adobe Audition 软件，点击 "文件"菜单下的"新建"-"多轨混音项目"命令，在弹出的"新建多轨混音"对话框中，输入项目名称、项目存放的文件夹位置、采样率、位深度等，单击"确定"，如图 3-20 所示。项目文件的后缀名为"ses"或".sesx"。

图 3-20　新建多轨混音项目

2. 录制音频及人声处理

首先我们来录制一首诗歌朗诵。点击"轨道 1"，按下音轨左侧面板的"R"键，进入录音准备，如图 3-21 所示。之后，点击底部编辑器控制面板上的"录制"按钮，开始录音，如图 3-22 所示。

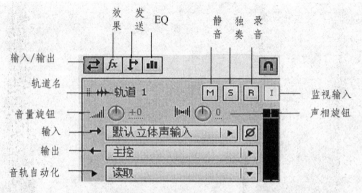

图 3-21　音轨面板，按钮"R"为录音准备

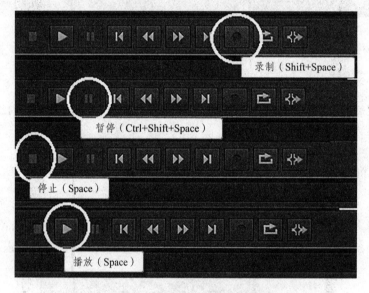

图 3-22　编辑器控制面板上的按钮

【他山之"识"】了解采样率和位深度①

数字音频的录制是指将自然界的声音或存储在其他介质中的模拟音频通过麦克风或线路输入端口，以特定的采样频率和量化位数进行数字化，然后存储在计算机中，形成数字音频文件。

① ADOBE. ADOBE 用户指南：数字音频基础知识[EB/OL]. [2017-02-08]. https://helpx.adobe.com/cn/audition/using/digitizing-audio. html# understanding_sample_rate.

采样率

采样率表示每秒钟所抽取声波幅度值样本的次数，单位为赫兹 Hz。一般而言，采样率越高，数字波形的形状越接近原始模拟波形的形状。如图 3-23 所示，两个不同的采样率情况下，低采样率（A）的数字波形与原始声波相差较大，而高采样率（B）的数字波形几乎与原始声波接近。

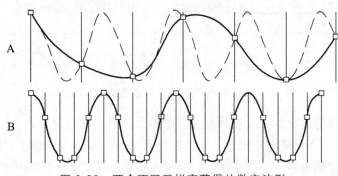

图 3-23　两个不同采样率获得的数字波形

数字音频最常见的采样率有 11 025 Hz、22 050 Hz、32 000 Hz、44 100 Hz、48 000 Hz、96 000 Hz 等。目前大多数网络下载的音乐是 44 100 Hz 的，少数能达到 48 000 Hz。

虽说，采样率越高，获得的音频就越接近原始声音的真实面貌，但音频文件存储空间也越大。同时也受到所用计算机声卡的限制，本案例中选择默认的 48 000 Hz。

位深度

位深度就是量化精度，当声波被采样时，较高的量化精度可以提供更多可能性的振幅值，从而产生更大的振动范围，更高的信噪比和更高的保真度。

一般来说，数字音频采用 16 位是最常见的，但目前高质量的数字音频系统已经使用 24～32bit 的量化精度。而有些对音质要求较低的场合，比如网络电话，也可能使用 8 bit。

当我们在 Adobe Audition 中录制音频时，声卡将启动录制过程并指定要使用的采样率和位深度。通过线路输入端口或麦克风，声卡接收模拟音频并以指定速率对其进行数字采样。Adobe Audition 按顺序存储每个样本，直到停止录制。当在 Adobe Audition 中播放文件时，该过程发生相反。Adobe Audition 将一系列数字样本发送到声卡。声卡重建原始波形，并通过线路输出端口将其作为模拟信号发送到扬声器。

录制完成后，可以先点击底部编辑器控制面板上的"播放"按钮试听录制效果，大部分时候无法一次录制就达到满意效果，需要对录制的人声进行"穿插录音"、"降噪"等处理。

（1）穿插录音。利用时间选择工具（见图 3-19 工具栏），选取需要重录部分，如图 3-24 所示，按下"R"键，然后点击"录制"按钮，对已经录制好的声音片段进行重新录制。此时，选区内原音频波形会自动清除，且只有选区内会录音，不影响其他波形。

图 3-24　穿插录音的步骤

（2）降噪。大部分情况下，录音环境无法做到百分之一百的静音，所以需要对录制的音频文件进行"降噪"，降低环境的噪音。如图 3-25 所示，Audition 提供了"降噪处理""自动咔嗒声消除"、"消除嘶嘶声"等效果功能，这种噪声在诸如老式黑胶唱片和现场录音之类的录制中比较常见。

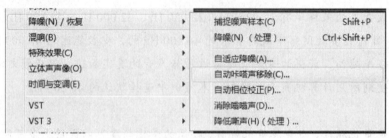

图 3-25　降噪效果功能

下面以"降噪处理"为例，演示怎样消除环境噪音。首先，左键双击人声的音轨可以切换到单轨编辑模式，选择环境噪音样本信号（可以在录制声音的开始静默几秒，把环境的噪音录制进去，作为样本），如图 3-26 所示。之后，选择"效果"菜单下-"降噪/恢复"-"降噪处理"，打开"降噪处理"对话框，如图 3-27 所示。点击"捕捉噪声样本"，然后点击"选择完整文件"，这时，整个轨道的音频全部选中，再点击"应用"即可。

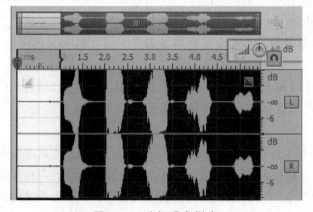

图 3-26　选择噪音样本

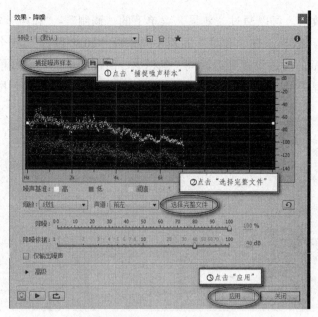

图 3-27 给录制的人声"降噪"

（3）诊断。在"效果"菜单下的"诊断"子菜单里，也可以实现消除咔嗒声、删除静默等效果，如图 3-28 所示，为"诊断"提供的功能。

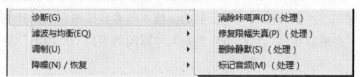

图 3-28 诊断功能

以"消除咔嗒声"为例。如图 3-29 所示，在"诊断"面板中选择对应的效果，预设选择合适的参数，先扫描是否存在问题，检测到问题后再选择某个片段点击"修复"或"全部修复"。

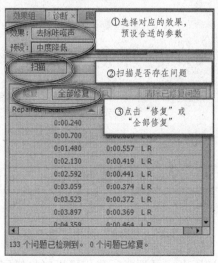

图 3-29 通过"诊断"消除咔嗒声

（4）模拟和声效果。可以通过"效果"菜单下的"调制"-"和声"功能，模拟"合唱""四重奏"等各种和声效果。在"和声"面板中先预设"10个声音""5个声音""合唱"、或"四重奏"效果，之后，通过设置延迟时间、延迟率、回授和扩展等参数模拟和声，如图3-30所示。调整参数过程中可以试听效果，直到调整满意后，点击"应用"按钮。

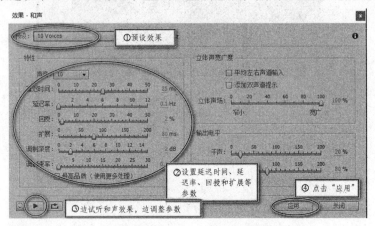

图 3-30 "和声"效果设置步骤

（5）人声润色。一般没有经过润色的声音被叫做"干声"，润色后的"湿声"听起来会更丰满和有立体感。点击"效果"菜单下的"混响"，在"混响"面板中先预设效果，再设置衰减时间、预延迟时间、扩散与感知（即反射的强度）等参数模拟在不同环境下声音的漫反射效果，可以实现"房间临场感"、"打击乐教室"、"沉闷的卡拉OK酒吧"等混响效果，如图3-31所示。

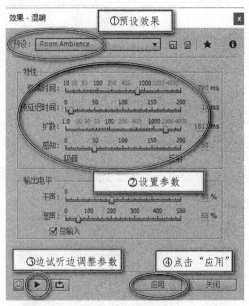

图 3-31 "混响"效果设置步骤

（6）历史记录面板。通过历史记录面板，我们可以轻松撤回到先前的状态。

（7）从资源中心免费获取内容。通过 Adobe Audition 的"帮助"-"下载声音效果及更多"，（网址：https://offers.adobe.com/en/na/audition/offers/audition_dlc.html），可获取上万种免费声音资源。

3. 导入背景音乐并剪辑

（1）导入背景音乐。

通过"文件"菜单下的"打开"或"导入"命令可以将音频素材添加到"文件"面板中，如果要将素材添加到多轨混音项目中，右键选定需要导入的的背景音乐素材，选择"插入到多轨混音中"，选择多轨混音项目，如图 3-32 所示，则选定的音乐会自动插入下一个空白音轨中。也可在多轨混音编辑模式下直接将音频拖曳到音轨上。

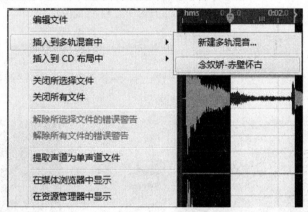

图 3-32　将音频插入到多轨混音项目

Audition 也支持打开 avi、.mov、.mp4 等格式的视频文件，其音频会自动分离，在多轨状态下可将视频拖曳到视频轨道上，画面显示在左下方的视频窗口中。

（2）工具栏。

将背景音乐添加到音轨后，利用工具根据需要对音频进行剪辑。工具栏按钮见图 3-33。各工具功能如下：

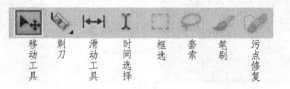

图 3-33　工具栏

移动工具：左键用于移动选中的波形片段，右键拖移可移动或复制当前波形片段。

剃刀工具：在单击处剪开波形。

滑动工具：用于滑动选择想要的波形片段。如需选取固定时长的某个音轨上的波形片段，可以先用剃刀工具剪取固定时长，然后再用滑动工具按住左键在这段波形上左右滑动，来选择具体哪一片段。

时间选择工具：选取音轨上的一个时间范围的片段。左键选波形，右键移动波形。

框选、套索和笔刷工具：在单轨状态下单击频谱频率显示，用于选取所要操作的频谱区域。

污点修复工具：修复频谱信号，一般是不到4秒的劣音，如咔哒声、破音等。

（3）多轨下音频编辑。

如图3-34所示，常用的音频波形剪辑操作有：

拆分：在需要拆分的时间线位置单击右键，选择"拆分"命令，或利用"剃刀"工具，在需要拆分的时间线位置上单击，剪开波形。

锁定时间：波形只能在各音轨间上下移动，不能在各时间点上左右移动。

删除：删除选中的波形片段，不影响该轨道上的其他波形。

波纹删除：将选定的波形删除，其后面的波形会自动前移。

循环：拖曳波形的边界，可以使波形往前或往后重复出现。

静音：使选定的片段静音。

淡入淡出：在每段波形的开始和结束位置，有一个"淡入"或"淡出"按钮，按住左键拖曳，可以设置开始时淡入，结束时淡出效果。

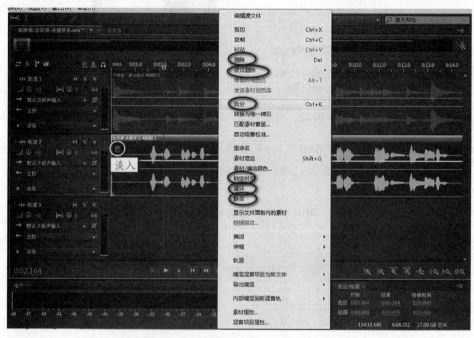

图3-34　常用的音频波形剪辑命令

（4）包络编辑。

包络编辑一般用于控制声音属性的变化。包含音量包络和声相包络。音量包络用来控制音量的变化，如淡入淡出或忽高忽低。声相包络用来控制声相的变化，实现左耳和右耳的均衡。

如图3-35所示，在音轨面板上设置"读取"下的"显示包络"，勾选"音量"和"声场"，则在音轨波形上有一条黄色和一条蓝色的线，黄色线为音量线，在需要调整音量的地方单击，添加关键点，拖动关键点，可以调整关键点之间音量的变化。

蓝色线为声相线，在需要控制左、右声道变幻的地方单击，添加关键点，拖动关键点，中线以上为左声道音量大小，中线以下为右声道音量大小。

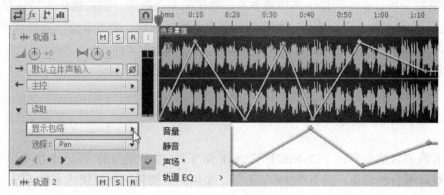

图 3-35　包络编辑

4. 保存项目和导出音频

项目文件中保存的信息包括导入的素材、放置在哪个轨道、各轨道上设置了什么参数和效果等。要注意的是记录的导入素材只是快捷方式，并非素材文件。

以上对人声录音进行一系列处理并配上合适背景音乐，获得满意效果后．即可将多轨混音项目进行混缩输出。选择"文件"菜单下的"导出"-"多轨混缩"-"完整混音"命令，或选择"多轨合成"菜单下的"混缩为新文件"-"完整混音"命令，将弹出"导出多轨混缩"对话框，如图 3-36 所示，设置文件名、存储位置、音频格式等，点击"确定"，导出音频文件。

图 3-36　导出多轨混缩

【思考与练习】

1. 近几年"得到""好好学习"之类的 APP 火热，音频类 IP 的知识变现模式成熟。说说你对"音频知识付费"怎么看？

2. 请简要分析音频在网络中的传播方式。除了文中介绍的，你还能想到其他方式吗？

3. 使用 Adobe Audition 录制一段音频（如朗诵散文诗歌、名著节选、新闻报道等），对录音进行降噪处理，并适当添加背景音乐和效果，导出 mp3 文件。

4.小组分角色录制广播剧，并配上音效，导出 mp3 文件。

3.3 网络视频编辑

中国互联网络信息中心（CNNIC）于 2018 年 8 月 20 日发布的《第 42 次中国互联网络发展状况统计报告》显示：截至 2018 年 6 月，中国网络视频用户规模达 6.09 亿，占网民整体的 76%，手机网络视频用户规模达 5.78 亿，占网民整体的 73.4%。网络视频行业保持良性发展，用户付费能力明显提升，网络视频内容正规化和精品化进程不断推进。

另外，短视频作为一种立体的信息承载方式，内容丰富多样，互动性强，能满足网民碎片化的娱乐需求和草根群众自我表达的愿望，吸引用户使用，截至 2018 年 6 月，综合各个热门短视频应用的用户规模达 5.94 亿，占整体网民规模的 74.1%。[①]

3.3.1 网络视频的应用

1. 网络视频新闻

网络视频新闻的最初来源主要是电视新闻的网络版，即各大门户网站的新闻频道购买电视新闻节目的版权，并进行简单剪辑、压缩处理之后，上传到互联网上。然而近年来，电视台开始培育自己的网络传播渠道，收紧自制节目版权。在这一形势下，各视频网站纷纷加大自制原创视频节目的力度，明星、金牌制作团队都加入到自制节目的制作中。这类原创视频一般分布在科技新闻、娱乐新闻等政治性相对较弱的新闻中。此外，随着互联网视频制作、发布技术门槛的降低，网民通过摄像机、手机甚至监控探头等设备拍摄的"网络视频新闻"大量出现，亦成为网络视频新闻的重要来源之一。

可以说，有了网络视频新闻，新闻网站兼具了电视、报纸、网络三种媒体的表达方式，使新闻信息真正实现了多媒体、立体化传播，更全面、快捷、直观地为网民提供新闻信息服务。具体而言，网络视频新闻的展现主要有五种形式：

1）用于单篇网络视频新闻报道中

例如，通过画面来叙事、言情、表意，补充、丰富文字信息。

---

① 中国互联网络信息中心. 第 42 次中国互联网络发展状况统计报告[EB/OL]. [2018-08-20]. http://www.cnnic. net.cn/gywm/xwzx/rdxw/20172017_7047/201808/P020180820603445431468.pdf

2）作为传统媒体的扩充

例如，将网络视频与手机、二维码结合起来，受众只要用手机对准报纸上或电视上的二维码扫描一下，便可直接链接到网站，在手机屏幕上观看新闻视频。这让传统媒体具有网络功能，真正实现"全媒体"化。

3）视频在线访谈

互联网已成为我国公民行使知情权、参与权、表达权和监督权的重要渠道。近年来，政府官员也通过各种形式在网上与百姓沟通，视频在线访谈就是一种。

4）组成新闻视频专题

当有重大新闻事件发生时，各大网站也会策划视频专题。如图 3-37 所示为 2014 年的世界杯期间，爱奇艺视频网站（http://www.iqiyi.com/）制作的世界杯专题。该专题从花絮、资讯、进球、全场回放等各角度报道了世界杯赛事。

5）建立新闻视频栏目或频道

很多新闻网站都有开设专门的视频栏目或频道，如新华视频（http://www.news.cn/video/index.htm）、人民电视（http://tv.people.com.cn/）、新浪视频（http://video.sina.com.cn/）等。

图 3-37　爱奇艺网站的世界杯视频专题

2. 网络影视视频

目前不少网站都提供影视视频点播业务，这里面既有专门的视频网站，如优酷网（http://www.youku.com/）、爱奇艺（http://www.iqiyi.com/）、乐视网（http://www.letv.com/）等，也有各大门户网站的视频频道，如搜狐视频（http://tv.sohu.com/）、腾讯视频（http://v.qq.com/）等。

目前传统的影视剧仍然是网络视频中点播的主要热点。视频网站自制节目和网友分享的微视频的价值虽得到了广泛认可，但还处于发展初期阶段，并未成为视频网站的主流。

【案例】网络自制视频节目《晓说》

2012 年 3 月，优酷推出了由高晓松主持的脱口秀节目。这档脱口秀节目由其好友韩寒命名为《晓说》（英文名称为：Morning Call），每周播出 1 集，每集节目时长 20 分钟。《晓说》每期发起一个热门话题，由主持人高晓松自由发挥，说历史、评人物、聊八卦、论文化、谈热点。《晓说》还在每个月制作一期特别对话节目，邀请重量级嘉宾。同时，网友也可以实现和节目的全互动：每期节目会提前在网上公布话题，征集网友对该话题的看法，录制成视频，有独到观点的网友视频将在节目中播出，还会得到高晓松的点评。

2013 年 1 月，优酷网透露，《晓说》42 期的网络总点击量已经突破 1 亿大关。高晓松与优酷续约了第二季之后，《晓说》更是反向输出给了东方卫视、浙江卫视等多个一线电视台。反向输出电视台成为网络视频新的盈利点。

3. 网络视频教学

网络视频教学，顾名思义，是以网络视频为介质的教学方式。通过网络，学员与教师即使相隔万里也可以开展教学活动。网络视频教学作为一种新兴的教学组织形式，以学生的个别化学习为主要特征，突破学生固定的年龄和知识程度的限制，采用开放、协作的随时随地教与学的方式，真正打破了时间和空间的限制。对于工作繁忙、学习时间不固定的职场人士而言，网络视频教育是再适合不过的学习方式。

网络视频教学的主要形式有：网络精品资源共享课程，如四川省高等学校省级精品资源共享课中的课程录像；国内外名校的公开课录像，如网易公开课（http://open.163.com/）、新浪公开课（http://open.sina.com.cn/）、中国公开课；电大、培训机构的远程教育，如天津市高等教育自学考试的网络助学平台朝升培训网站（http://www.etctj.com/）；慕课（MOOC, Massive Open Online Courses，即大型开放式网络课程），如果壳网 MOOC 学院、MOOC 中国（http://www.mooc.cn/）等。

4. 网络视频直播

近几年，网络直播行业蓬勃发展。截至 2017 年 12 月，网络直播用户规模达到 4.2 亿，其中游戏直播用户规模达到 2.24 亿，较去年年底增加 7 756 万，占网民总体的 29%。真人秀直播用户规模达到 2.2 亿，较去年底增加 7 522 万，占网民总体的 28.5%。

从已上市企业的直播服务营收来看，各大网络平台的网络直播业务营收仍保持高速增长。根据各网络直播平台 2017 年第三季度财报数据，陌陌单季度的直播业务营收同比增长高达 178.6%，欢聚时代（YY）当季度的直播业务营收同比增长也达到 60.4%。从未上市企业的融资情况来看，虎牙直播、熊猫直播、花椒直播、斗鱼直播先后在 2017 年宣布完成新一轮融资，且融资金额均超过亿元，行业未来发展前景良好。[①]

5. 网络视频广告

网络视频广告的形式繁多，因不同网络视频运营商的传输特点不一而有所不同。冠名广告、视频前（后）贴片广告、视频缓冲（暂停）广告、背景广告及植入广告等模式被广泛应用。

网络视频用户对视频的分享呈现指数式传播效应，首先用户会产生兴趣、关注视频，再由关注者变为传播分享者。网民看到一些经典、有趣、轻松的视频总是愿意主动去传播，大部分网友表示会把喜欢的网络视频推荐给自己的朋友或同事。经统计，每位网络视频用户平均会把喜欢的网络视频推荐给 4 人以上。而被传播对象势必是和他有着一样特征兴趣的人，这一系列的过程就是目标消费者精准筛选传播。这正是网络视频广告病毒式营销价值的体现。

（1）学会讲故事：优秀的"病毒营销"的网络视频一定要学会讲故事，以此留住观众的注意力。病毒营销的关键在于要有好的、有价值的视频内容。

（2）言简意赅：效果最好的在线视频长度介于 30 秒至几分钟之间。如果你有很长的故事要说，试着分成几个小段，这样观众也许觉得更有趣一些，而且容易找到主题。

（3）做足功课：谁也无法保证一个视频营销策略注定会引发病毒式的传播效果。即便如此，你依然必须做足功课，弄明白消费者想要什么，然后寻找到一些易感人群或者意见领袖帮助传播。

【案例】百度《唐伯虎篇》——"百度更懂中文"

百度《唐伯虎篇》是网络视频病毒式营销的典范之作。

故事短片以唐伯虎点秋香为背景，主人公是才子唐伯虎，连续三次通过中国经典断句难题"我知道你不知道我知道你不知道我知道你不知道"，狠狠地嘲弄了那个只晓得"我知道"的老外。故事结尾对情景进行了解读：百度更懂中文，特有的中文切词和分词技术，理解更精准。

---

① 中国互联网信息中心. 第 41 次中国互联网络发展状况统计报告 [EB/OL]. [2018-1-31]. http://www.cnnic.net.cn/hlwfzyj/hlwxzbg/hlwtjbg/201803/P020180305409870339136.pdf.

这段视频的真实用意是对 Google 的嘲弄。百度借唐伯虎自喻，把 Google 比做外国人，借助自己的本土优势，与 Google 的中文搜索作比较。它没有直接向人们灌输百度比谷歌更好用的概念，而是以己之长对彼之短，化大为小，借助汉语复杂多变的特点，把宣传的范围缩小在了对汉语处理上，将自身强势与对手弱势进行对比，放大自己的优势。

百度《唐伯虎篇》没有花费一分钱媒介费，没有发过一篇新闻稿，从一些百度员工发电子邮件给朋友和一些小网站挂出链接开始，只用了一个月，就在网络上获得超过 10 万个下载或点击量。

此广告获得第 12 届中国广告节创意广告奖。

3.3.2　常见的视频文件格式

视频文件格式分为适合本地播放的本地影像视频和适合在网络中播放的网络流媒体影像视频两大类。

1. 本地影像视频

1）AVI 格式

AVI（Audio Video Interleaved）即音频视频交错格式，由微软公司发布。AVI 在视频领域可以说是历史最悠久的格式之一。AVI 格式调用方便，图像质量好，可以跨多个平台使用，但缺点是压缩标准不统一，不具有兼容性。

2）DV-AVI 格式

目前非常流行的数码摄像机就是使用 DV-AVI 格式记录视频数据的。它可以通过计算机的 IEEE 1394 端口传输视频数据到计算机中，也可以将计算机中编辑好的视频数据回录到数码摄像机中。

3）MOV 格式

MOV 格式具有较高的压缩比率和较完美的视频清晰度等特点，但是其最大的特点还是跨平台性，即不仅能支持 Apple Mac OS，同样也能支持 Windows 系列。它目前已成为数字媒体软件技术领域事实上的工业标准。

4）MPEG/MPG/DAT 格式

MPEG Moving Picture Experts Group，动态图像专家组）文件格式是运动图像压缩算法的国际标准，它采用有损压缩方法减少运动图像中的冗余信息。说得通俗一点，MPEG 的压缩算法依据是相邻两幅画面的绝大部分是相同的，把后续图像和前面图像中冗余的部分去除，便可达到高压缩比（最高可达 200：1）的目的。MPEG 格式包括了 MPEG-1、MPEG-2 和 MPEG-4 在内的多种视频格式，被广泛应用于 VCD、DVD 和 HDTV（高清晰电视广播）的制作中。

2. 网络影像视频

1）RMVB/RM 格式

RMVB/RM 格式是 Real Networks 公司所制定的音频视频压缩规范，根据不同的网络传输速率制订出不同的压缩比率，从而实现在低速率的网络上进行影像数据实时传送和播放。它具有体积小、画质清晰的优点。

2）ASF 格式

ASF（Advanced Streaming Format，高级流格式）是微软为了和 Real Player 竞争而发展出来的一种可以直接在网上观看视频节目的文件压缩格式。ASF 使用了 MPEG-4 的压缩算法，压缩率和图像的质量都很不错。

3）WMV 格式

WMV 的英文全称为 "Windows Media Video"，也是微软推出的一种采用独立编码方式并且可以在 Internet 上实时传播视频的技术标准。微软公司希望用其取代 QuickTime 之类的技术标准以及 WAV、AVI 之类的文件扩展名。

4）FLV 格式

FLV（Flash Video）是一种新的视频格式，它形成的文件极小、加载速度极快，使得在网络上观看视频文件成为可能。它的出现有效地解决了视频文件导入 Flash 后，使导出的 SWF 文件体积庞大，不能在网络上很好的使用等缺点。目前各大视频网站大多采用这种格式实现流媒体播放。

3.3.3　网络视频的采集

1. 用摄像机拍摄视频

用摄像机拍摄的现场录像是网络视频的主要来源之一。视频拍摄的基本要求：

（1）拍摄前观察环境，考虑哪些镜头可以选择，拍摄场面可以用什么背景。

（2）围绕中心人物（事件）拍摄，注意挑选能够反映事实本质、紧扣主题和最有可视性的画面，以及最具有感染力的细节（如人物的表情、语言动作等）。

（3）善于捕捉事件的高潮。对那些可能稍纵即逝的精彩瞬间、戏剧性场面的出现要有敏感的预见性和迅速抓拍的能力。

（4）对于那些已经发生了而来不及拍摄的新闻事件，可用请当事人或目击者在现场讲述的方式进行拍摄，并且最好拍摄下现场环境留下的事件痕迹。

（5）技术方面需要注意的问题：准确的曝光是拍摄任何影像作品的前提；在适当的时候运用背景虚化、合理构图提升画面感觉；调整适合画面情感的色温；适宜的"推、拉、摇、移"镜头，让画面动感丰富。

2. 图像采集卡与视频的数字化

图像采集卡，其功能是将摄像机中的模拟视频信息采集到计算机中，以数据文件的形式保存在硬盘上。在这之后，需要利用相关的视频编辑软件，对数字化的视频信号进行后期编辑处理，比如剪切画面，添加滤镜、字幕和音效，设置转场效果以及加入各种视频特效等。最后，需要将编辑完成的视频信号转换成标准的 VCD、DVD 或网络流媒体的格式，以方便传播。

3.3.4 视频编辑软件

1. Movie Maker 影音制作

Movie Maker 是 Windows 系统附带的一款影视剪辑小软件，全称 Windows Live Movie Maker，支持制作宽屏（16:9）或标准（4:3）视频，也支持从相机存储卡中导入素材。待完成视频处理后，用户可选择发布至 YouTube，或者导出为 WMV 格式文件。它具有如下特点：

（1）基于"对象"。在 Movie Maker 项目中，图片、音频、视频、文本等都是对象，用户可直接基于对象操作，如：拖动图片和视频对象的排列顺序以调整播放顺序，控制音频和文本对象的起始时间，也可设置图片、文本对象的延续时长等。值得一提的是，Movie Maker 可根据用户选择的对象显示对应的功能面板。例如，当用户添加文本或字幕后，Movie Maker 将自动显示并切换至与该文本对象操作功能有关的文本工具 Text Tools。

（2）胜任基本的视频编辑。Movie Maker 的视频工具能胜任基本的视频编辑任务，如分割视频、截取视频片段或更改播放速度等。用户可以自定义起始和终止点时间，仅保留需要的视频片段。或将一个视频分割成多个较短的系列视频，然后继续进行编辑。也可以在 Movie Maker 中更改视频的播放速度，使视频播放得更快或更慢。

（3）轻松制片主题。Movie Maker 的 AutoMovie 轻松制片主题会自动在用户的视频中添加标题、片尾、过渡动画、以及特效等。用户可以通过将光标指向每个轻松制片主题来预览该主题。如图 3-38 所示为 AutoMovie 处理后的结果。

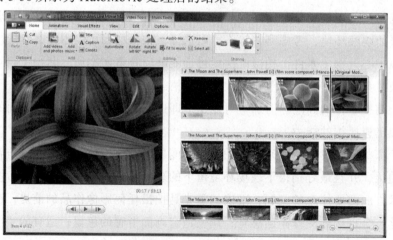

图 3-38　Windows Live Movie Maker 界面

2. 会声会影

会声会影是一款功能强大的视频编辑软件，提供完整的"捕获→编辑→效果→覆叠→标题→音频→分享"的影片编辑流程。如图 3-39 所示为会声会影 10 软件界面。

（1）捕获。可以将视频、照片和音频素材直接在"捕获"步骤中录制或导入到用户计算机的硬盘驱动器中。

（2）编辑。对采集并导入到视频轨（或覆叠轨）上的视频、图像等进行各种编辑处理。

（3）效果。即转场效果。将视频段之间插入转场效果，使其两段之间的过渡多姿多彩。

（4）覆叠。在覆叠轨上，导入并编辑另外一段视频、图像等，放在视频轨的上面，使编辑的视频有画中画的效果。在会声会影 11 以后的版本中，有 6 个覆叠轨可供使用。

图 3-39　会声会影软件界面

（4）标题。输入文字，制作标题或动态字幕。文字输入后，自动存放于文字轨上。会声会影 X2 以后的版本有 2 个文字轨供使用。

（5）音频。会声会影有两个音频轨道。一个是音乐轨，导入音频文件到音乐轨上进行配乐，可对其进行编辑。另一个是声音轨，除了可以导入音频文件进行编辑外，还可以用麦克风现场录音。

（6）分享。视频制作的最后一步就是将制作好的视频文件分享输出，可输出多种常见的视频格式，甚至可以直接导出到 DVD、VCD、移动设备或 Web。

3. Adobe Premiere

Adobe Premiere 是基于非线性编辑设备的视音频编辑软件，可以在各种平台下与硬件配合使用，被广泛地应用于电视台、广告制作、电影剪辑等领域，成为 PC 和 MAC 平台上应用最为广泛的视频编辑软件。如图 3-40 所示为 Adobe Premiere 软件界面。

Adobe Premiere 具有如下功能：

（1）高兼容性。从 DV 到未经压缩的 HD，Adobe Premiere 几乎可以获取和编辑任何格式的视频文件，并可输出到硬盘、DVD 和 Web。

（2）各种特技处理。Adobe Premiere 提供强大的视频特技效果，包括切换、过滤、叠加、运动及变形等。这些视频特技可以混合使用，完全可以产生令人眼花缭乱的特技效果。

（3）音频加强。以 Adobe Audition 的波形方式显示音频，显示更加科学，支持多声道。

（4）色彩校对。色彩校对是 Adobe Premiere Pro 比较突出的特色，它能够实时地显示出各种色彩特效。而且这种特效不止是对静态图片而言，对动态视频也同样有效。

（5）自动同步多个摄像机角度。"多机位"模式会在节目监视器中显示多机位编辑界面。用户可以从多摄像窗口中查看多个视频轨道，并通过实时在轨道之间转换进行编辑。

图 3-40　Adobe Premiere 软件界面

4. 爱剪辑

爱剪辑是国内一款免费视频剪辑软件。其所见即所得、直观易用的特点，让其成为众多自媒体人士选择的视频剪辑工具。你甚至不需要视频剪辑基础，不需要理解"时间线"、"非编"等各种专业词汇，就能轻松成为一名出色的视频剪辑师。[①]但利用爱剪辑软件制作的视频会带有该软件 logo 的片头和片尾。

爱剪辑具有如下特点：

（1）操作简单。所见即所得，直观易懂的剪辑方式，让视频剪辑新手也很容易入门。

（2）多种转场特效。恰到好处的转场特效能够使不同场景之间的视频片段过渡更加自然，并能实现一些特殊的视觉效果。爱剪辑提供了大量 3D 和其他专业的转场特效，使创意发挥更加自由和简单。

（3）多种风格滤镜。多达上百种专业风格效果囊括各种动态或静态特效技术以及画面修

---

① 爱剪辑官网，http://www.aijianji.com/.

复与调整方案，简单点击即可轻松调用。画面风格包括"画面调整""美颜""人像调色""顶级动景特效""炫光特效""画面色调""常用效果""新奇创意效果""镜头视觉效果""仿真艺术之妙""包罗万象的画风"等等。

（4）MTV字幕特效。MTV歌词字幕同步功能，可以根据背景音乐动态显示歌词信息，并且每行歌词还可设置动感十足的字幕呈现特效。

（5）叠加贴图。可以为视频中的人物加上一滴卡通的流汗贴图，还能为此选择"摆动""转动""闪动"等数十种贴图动画效果，为视频画面注入感情。

（6）去水印。提供"模糊式""动感模糊式""腐蚀式""马赛克式""磨砂式"、"网格式"等多种去水印方式，可根据视频上的具体水印情况轻松实现去水印效果。

3.3.5 【实践任务】使用爱剪辑制作短视频

下面我们来看看怎样用爱剪辑软件进行视频素材的导入、剪切，音频的导入、剪切，字幕的添加，基本的特效、转场、风格设置，MV的制作等基本操作。

1）添加视频素材

如图3-41所示，添加视频主要有如下两种方法：

方法1：打开视频素材文件所在文件夹，将视频文件直接拖曳到"视频"选项卡即可。

方法2：在软件主界面顶部点击"视频"选项卡，在视频列表下方点击"添加视频"按钮，或者双击面板下方"已添加片段"列表的文字提示处，即可快速添加视频素材。

图 3-41 添加视频素材的两种方法

使用这两种方法添加视频时，均可在弹出的文件选择框，对要添加的视频进行预览，然后选择导入即可。

2）剪辑视频片段

方法1：在主界面右上角预览框的时间进度条上，点击向下凸起的向下箭头（快捷键Ctrl+E），打开"创新式时间轴"面板，并结合"音频波形图"和"超级剪刀手"精确踩点，如图3-42所示。

通过"创新式时间轴"剪辑视频片段时，涉及的快捷键如下：

"+"：放大时间轴。

"–"：缩小时间轴。

"上下方向键"：逐帧选取画面。

"左右方向键"：五秒微移选取画面。

"Ctrl+K"或"Ctrl+Q"：一键分割视频。

图 3-42　用创新式时间轴逐帧精确踩点并截取视频片段

　　方法 2：添加视频时，或双击底部"已添加片段"面板的片段缩略图，进入"预览/截取"对话框后，通过"Ctrl+E"调出时间轴，结合方法 1 选取需要的画面，点击该对话框"截取的开始时间"和"截取的结束时间"处，带左箭头的拾取小按钮，快速拾取当前画面的时间点，可截取视频片段。该方法可用于重新修改截取片段的时间点，如图 3-43 所示。

图 3-43　截取视频片段

3）添加音频

在"音频"面板点击"添加音频"按钮，在弹出的下拉框中，根据需要选择"添加音效"

或"添加背景音乐"，即可为要剪辑的视频配上背景音乐或相得益彰的音效，如图 3-44 所示。

同时，爱剪辑还支持提取视频的音频，作为台词或背景音乐。并可实时预览视频画面，方便快速提取视频某部分的声音（比如某句台词）。

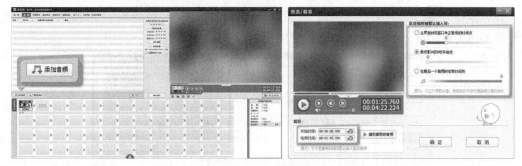

图 3-44　添加音频

4）为视频添加字幕特效

剪辑视频时，我们可能需要为视频加字幕，使剪辑的视频表达情感或叙事更直接。爱剪辑除了提供齐全的常见字幕特效，以及"沙砾飞舞""火焰喷射""缤纷秋叶""水珠撞击""气泡飘过""墨迹扩散""风中音符"等大量独具特色的好莱坞高级特效类，还能通过"特效参数"栏目的个性化设置，实现更多特色字幕特效。

在"字幕特效"面板右上角视频预览框中，将时间进度条定位到要添加字幕的时间点，双击视频预览框，在弹出的对话框输入字幕内容，然后在左侧字幕特效列表中，应用喜欢的字幕特效即可，如图 3-45 所示。

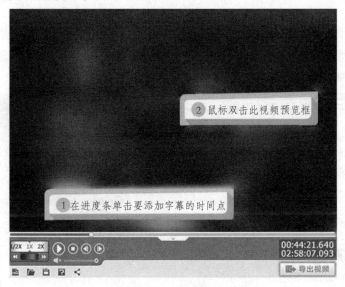

图 3-45　为视频加字幕

5）为视频叠加相框、贴图或去水印

爱剪辑的"叠加素材"功能分为三栏："加贴图""加相框""去水印"。

加贴图：贴图即我们在许多综艺节目以及各类吐槽视频、点评视频等中看到的滴汗、乌鸦飞过、省略号、大哭、头顶黑气等有趣的元素。爱剪辑为各种贴图素材提供一键应用的特效，你也可以通过加贴图添加你自己的表情包或照片等素材，制作更个性化的视频。

加相框：众多风格迥异、精致漂亮的相框，只要一键应用即可，如图 3-46 所示。

去水印："模糊式""动感模糊式""腐蚀式""马赛克式""磨砂式""网格式"等所见即所得的多种去水印方式，让去水印去的更加简单和干净。

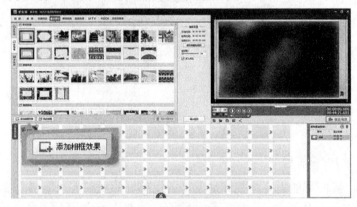

图 3-46　一键应用精美相框

6）为视频片段间应用转场特效

恰到好处的转场特效能够使不同场景之间的视频片段过渡更加自然，并能实现一些特殊的视觉效果。在"已添加片段"列表，选中要应用转场特效的视频片段缩略图，在"转场特效"面板的特效列表中，选中要应用的转场特效，然后点击"应用/修改"按钮即可，如图 3-47 所示。

爱剪辑提供了数百种转场特效，譬如，我们通常所说的"闪白""闪黑""叠化"，对应在爱剪辑的转场特效列表中则为："变亮式淡入淡出""变暗式淡入淡出""透明式淡入淡出"，只需一键应用，即可实现这些常见的效果。

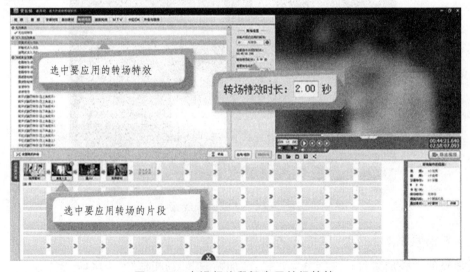

图 3-47　在视频片段间应用转场特效

7）调整视频画面风格

画面风格包括"画面调整""美颜""人像调色""炫光特效""画面色调""常用效果"、"顶级动景特效""新奇创意效果""镜头视觉效果""仿真艺术之妙""包罗万象的画风"等等。通过巧妙地应用画面风格，能够使我们的视频更具美感和个性化，还能拥有独特的视觉效果。

在"画面风格"面板的画面风格列表，选中需要应用的画面风格，在画面风格列表左下方点击"添加风格效果"按钮，在弹出框中选择"为当前片段添加风格"（选择此项时，请确保已在底部"已添加片段"列表，选中要为其应用画面风格的视频片段缩略图）或"指定时间段添加风格"即可，如图 3-48 所示。

图 3-48　"画面风格"的"水中倒影"效果

8）添加 MTV 字幕或卡拉 OK 字幕

如果剪辑的是一个 MV 视频，我们还需要为视频添加 MTV 字幕或卡拉 OK 字幕。爱剪辑中只需一键导入音乐匹配的 LRC 或 KSC 歌词文件即可。如果下载的 LRC 或 KSC 歌词文件不准确，可以在"MTV"或"卡拉 OK"选项卡的"特效参数"栏目，通过"设置歌词时间"功能进一步调整，如图 3-49 所示。

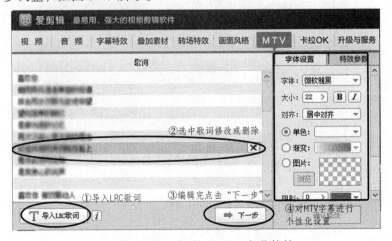

图 3-49　为视频应用 MTV 字幕特效

9）便捷的右键功能

此外，爱剪辑还有各种便捷的右键功能，包括片段缩略图右键、字幕编辑框右键、贴图编辑框右键。以片段缩略图右键为例，如图3-50所示，选中要修改的片段缩略图，单击鼠标右键：

复制多一份（快捷键 Ctrl+C）：将当前片段复制，如将某几秒的片段复制多次，制作鬼畜效果。

消除原片声音（快捷键 Ctrl+W）：消除当前片段声音。

生成逐帧副本（快捷键 Ctrl+F）：可将某个视频片段另存为本地的一个副本（此副本不带爱剪辑的片头片尾）。

生成倒放副本：实现倒带功能。

图 3-50　片段缩略图右键功能

10）保存所有的设置

在剪辑视频过程中，我们可能需要中途停止，下次再进行视频剪辑，或以后对视频剪辑设置进行修改。此时我们只需在视频预览框左下角点击"保存所有设置"（快捷键"Ctrl+S"）的保存按钮，将我们的所有设置保存为后缀名为.mep 的工程文件，下次通过"保存所有设置"按钮旁的"打开已有制作"的打开按钮，加载保存好的.mep 文件，即可继续视频剪辑，如图3-51 所示。

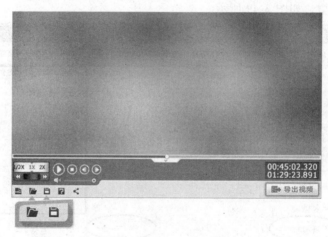

图 3-51　保存视频剪辑的设置

11）导出剪辑好的高清视频

视频剪辑完毕后，点击视频预览框右下角的"导出视频"按钮即可导出剪辑好的视频。导出视频时，需要参考原视频素材画面尺寸及视频网站的清晰度标准，设置合适的尺寸、格式以及比特率，如图3-52所示。

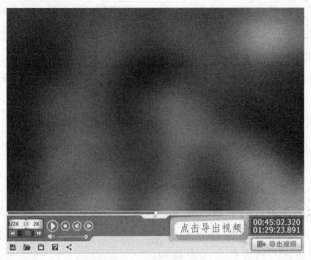

图 3-52　导出剪辑好的视频

【他山之"识"】2017 年短视频行业研究报告①

1. 短视频概述

短视频是指以新媒体为传播渠道，时长在 5 分钟以内的视频内容，其是继文字、图片、传统视频之后又一种新兴的内容传播载体。

相较于传统视频，短视频行业主要有以下特点：

生产门槛低。短视频通常依托于移动智能设备，在一台手机上即可完成拍摄、剪辑、后期等多种功能，制作成本低。

传播速度快。短视频基于其天然时长属性，极易通过用户的社交关系进行二次转发。

生产者与消费者之间界限模糊。对于短视频产品来说，其内容创作者和消费者存在较大程度重合，受众逐步从被动接受转向积极参与。

同时，碎片化娱乐需求、移动互联网普及和大数据及人工智能技术驱动短视频行业迅猛发展。

碎片化娱乐需求。"全民 UGC（User Generated Content，用户生产内容）"时代，日益增多的内容产品与注意力严重缺失之间的矛盾关系即催生高涨的碎片化娱乐需求。如何能在碎片化的时间内，给用户持续不断的刺激，以使其尽量停留较长时间，短视频的出现或许是现

---

① 孔德云. 风口来袭，谁主沉浮？短视频行业研究报告[R]. 36 氪研究院，2017.

阶段下最适合的解决方案。

移动互联网的普及。截至 2017 年 12 月，我国手机网民规模达 7.53 亿，占总网民人数 97.5%。除此之外，我国三大电信运营商基于"提速降费"策略，积极提升网络基础设施水平，为手机网民用户在移动端观看视频提供了"软性保障"。

大数据技术及人工智能技术的发展。大数据技术使得短视频平台在研究用户一系列数据的基础上，判断用户喜好，构建分发机制，为更多小众但精品的内容提供浮出水面的机会；此外，图像识别技术在视频内容的标签化及鉴黄鉴暴等方面的应用，可以极大程度上解决人工审核时代的效率问题；人脸识别技术则可为短视频平台提供美颜、AR 效果等趣味性较强的拍摄功能。

2. 短视频内容创作者

短视频的内容创作者可分为两个群体：PGC（Professional Generated Content，指专业生产内容）和 UGC。

PGC 具备较强的流量变现能力，是各平台之间竞争的主要焦点之一。

UGC 群体基数大、与平台的消费人群重合度较高，同时在一定程度上也是社区氛围的维护者，UGC 的创作活力对平台生态的形成至关重要。

目前短视频内容创作者的变现方式有两种：

第一种是电商类/导购类短视频，代表案例有一条、造物集等。其短视频内容聚焦于物质和生活方式，其电商业务瞄准的是对生活品质和审美有要求的消费人群。

第二种是以孵化品牌为最终目标。此类短视频内容创作者要具备持续生产爆点话题或作品的能力。代表案例有 PAPI 酱、同道大叔等。

除此以外，美拍等平台还推出了短视频打赏功能，这种内容付费的模式意在让内容创作者专注于内容质量本身。

3. 短视频平台

短视频平台可以分为三种：满足个人制作短视频需求的工具类平台、满足发现新鲜事需求的资讯类平台以及满足用户社交需求的社区类平台。

工具类短视频应用有小咖秀、小影等，此类平台提供手机录制、逐帧剪辑、电影效果滤镜、字幕配音等功能，非专业用户也能在手机上剪辑出专业的短视频作品。工具类短视频是生成高质量内容的入口，易形成短时期的高并发流量，但其存在高度依赖外部分发平台、难以沉淀内容等问题，目前工具产品也逐步融入了社交元素以保持用户黏性。

第二种是资讯类短视频，这类短视频应用依托社交或资讯平台并为其提供短视频播放功能。依托大流量平台，用户会被动地高频使用到这类内嵌的短视频支持功能。如与新浪微博深度绑定的秒拍、今日头条旗下的西瓜视频和火山小视频等。资讯类短视频同样也存在社交内容匮乏的问题，所以常与其他社交平台横向联合形成矩阵、互相导流。

社区类短视频平台，以快手、抖音、美拍等为代表。此类短视频平台具备社交氛围浓厚、用户粘粘性较高、互动频繁等特征，有较浓厚的社交氛围和强烈的平台调性。

4. 短视频行业未来发展空间巨大

从国内角度来看，我国城乡互联网普及率差距较大。截至 2017 年 12 月，我国城镇互联网普及率为 71%，而农村互联网普及率只 35.4%，农村互联网市场的发展仍具潜力。

从移动端角度来看，2017 年上半年，我国移动视频月活人数在 9 亿左右，而更细分的短视频领域月活数不到 2 亿，占比不足 22%，存在较大的可进步空间。

【思考与练习】

1. 大视频时代来临，你对视频的发展方向(移动端、竖屏……)有什么预见，说说你的看法。
2. 请简要分析视频在网络中的应用。除了文中介绍的，你还能想到其他方式吗?
3. 利用爱剪辑或其他视频剪辑软件，自选素材制作 MV 或鬼畜视频。
4. 为校园内最近发生的一件事情撰写一篇视频新闻。

4 网络专题的策划与制作

【章首点睛】

网络专题是网站聚合信息、吸引点击量的常见手段,也是最能体现编辑功底的工作之一。通过对网络专题的选题策划、内容整合,编辑能够向读者提供以独特视角关注某个热点事件所获得的信息或读者所需的重要信息集合。如果一个网站能做到持续的专题更新,无论是对提升网站流量,还是对增加用户黏度,都大有好处。

在这一章里,我们将从两个角度讲解网络专题:一是从策划角度入手,讲解如何进行网络专题的选题以及内容策划;二是从制作角度入手,讲解网络专题制作的主要流程以及一些实用的工具。

4.1 网络专题策划

4.1.1 网络专题的定义

网络专题,是指围绕同一主题展开,由资讯、图片、音视频甚至商品信息构成的单页面或多页面。

在这一定义里有三个方面的重点值得探究:

(1)网络专题在内容上没有特定的要求,可以是新闻事件,也可以是专业知识,甚至可以是商品、评论等,但一定是围绕同一主题展开的。如果主题分散,就不称其为"专题"。

如图 4-1 所示是新浪网在 2014 年制作的关于马来西亚客机失联的专题。虽然专题中的多篇文章所关注的细节不同,包括实时新闻进展、机长生活细节、马来西亚旅游部长发言等,同时信息所使用的载体也不同,包括文章、图片、视频……但这些内容都隶属于同一主题,即"马来西亚宣布 MH370 在南印度洋坠海",因而我们可以判定这个页面是一个专题。

(2)网络专题的表现形式多样化,包括资讯、图片、音视频、讨论互动、甚至商品信息。这些多媒体的形式大大提升了专题的表现力和可读性,也是网络专题不同于平面媒体专题或电视专题之处。

(3)网络专题可以是单页面的,也可以是多页面的。最近几年随着网络制作技术的普遍提高,网络专题也不再局限于一个单一页面。有的时候为了更好地传达主题,一些网站也会制作设计感较强的多页面专题。

图 4-1　新浪"马航失联"专题

　　总而言之，只要信息群符合"围绕同一个主题展开"这一点，无论其表现形式如何，无论其页面多少，我们都视之为一个专题。

4.1.2　为什么要做网络专题？

　　制作网络专题相对于制作单篇文章而言更加耗费时间和精力，有的时候还需要网站其他部门的支持与配合，比如需要设计部的美编设计较为复杂的页面，需要技术部的程序员制作网页程序，甚至需要销售部的同事牵线搭桥、为专题引入赞助商……即便如此，很多网站依然热衷于制作专题，这是因为专题能实实在在为网站带来四大好处：

1. 提升网站点击量

　　因为网络专题所承载的信息大多是由编辑精心策划、收集、整理、发布而成的，所以专题内容通常符合读者的需求。相对于单一的文章而言，它通过多媒体形式和多角度的报道让读者更全面地了解某一特定主题。因而专题的制作能为网站带来流量上的提升。

2. 增加用户黏度

　　网络专题相当能体现编辑选题策划及把握用户需求的能力。如果一个网站能持续更新高质量的、有独特视角的专题，用户就会因此而沉淀积聚下来。网络上虽不乏同质化的信息，但好的角度不是每家网站都能提供的。

3. 提升商品销量

　　电子商务平台常常用专题的形式促销。此类专题或以时间节点为主题，比如"情人节专题""春季专题"；或以商品为主题，比如"年货专题""四川特产专题"；或以人群为主题，比如"老年专题""糖尿病患者专题"……和信息类的专题一样，因为主题很好地契合了用户的购买需求，再辅以折扣降价等促销形式，专题常常会带来比单个商品页面更显著的销量提升。

4. 更利于网站 SEO

由于专题都围绕同一个主题展开信息发布，因此非常适合做关键词的优化。这是因为从搜索引擎的抓取原理来说，如果在一个页面下的相关信息巨大，搜索算法会判定该页面与关键词的关联程度高，因而给予页面更高的排名，从而提升整个站点的权重。所以一个网站的专题做得多，并且做得好，将有利于整个站点的 SEO。

基于以上四点，只要一个网站的人力和时间允许，专题是一种非常好的页面发布形式，值得网络编辑花费时间和精力研究掌握。

4.1.3 专题类型

目前业界对网络专题如何归类尚未形成统一意见。

按照主题分类，网络专题一般可以分为资讯类专题、销售类专题、合作类专题。

按照内容分类，可分为突发事件/新闻事件专题、策划类专题。

按照技术角度分类，可分为静态页面专题和动态页面专题。

按设计风格分类，可以分为模板专题和设计类专题。

考虑到本书的编写目的是培养技术型文科人才，因此我们结合前两种分类法，将专题类型分为以下两类：

1. 资讯类专题

资讯类专题以传递信息为主要目的，或针对某个突发的新闻事件，或针对某些读者需要的内容主题。它通常不带有销售目的。

突发事件/新闻事件类专题在策划上是被动的，持续周期根据事件的进展而定。这类专题因为制作时间紧迫，通常都采用统一的专题模板进行制作，以确保新闻事件发生后，专题能迅速发布、抢占关键词。

内容型专题的主题通常都是可以预见的，因而在策划上也是主动的。它的延续周期通常会比突发型专题更长，因而也能长期帮网站吸引流量。

内容型专题的选题素材通常有三种：

（1）源于用户需求。比如英语教学网站通常会制作零基础学习专题，讲解 26 个字母和英语音标。

（2）源自每年固定发生的事件。比如娱乐类网站每年都会策划专题报道奥斯卡、格莱美这样的娱乐颁奖典礼。

（3）源自发生了一段时间的新闻事件。此类新闻事件持续周期长、社会影响力大。比如社会版、财经版的网站都会关注近几年房价上涨的问题，并据此制作网络专题。

2. 销售类专题

销售类专题常见于电子商务平台，它以销售商品、宣传品牌为目的，通常辅以各种促销手段、促销活动，是各大电商和品牌常用的网络营销手段。

销售类专题在策划上是主动的，持续时间从几天到几周不等。常见的选题来源包括以下几种：

（1）时间节点类。几乎各种节日都可以被利用作为专题的素材，比如情人节用以销售鲜花、巧克力，端午节用以销售粽子、咸蛋，甚至淘宝"创造发明"的"双11"电商节。

（2）产品品种类。将各种产品分类集合，做成专题发布。这种选题操作的办法常见于综合类的电商平台，比如当当网制作的少儿图书专题，京东网制作的小家电专题等。

（3）人群类。按照不同人群的需求，集合各种商品进行专题制作。比如针对准妈妈的销售专题，可能包含早教书籍、营养品等商品。

（4）结合时下热点。当社会热点出现时，销售类的产品也常常与其挂钩，以期带动产品销量。比如针对2014年的热门韩剧《来自星星的你》，淘宝网就策划了"来自星星的你相关时尚单品"的专题。

除了单纯的销售产品以外，某些机构或是商家还会和网站合作，发布带有品牌宣传性质的专题。这类专题从结构和形式上很像普通的内容型专题，因为它也会带有信息、互动区域，但专题的目的是为了宣传企业。我们可以将它理解为"专题型的软文"。

如图4-2所示为新浪汽车频道为东风标致2008策划的上市专题。此专题详细地介绍了东风标致2008的参数配置、口碑、油耗等。虽然从表面上这是一个测评类的专题，但大部分的信息都是对东风标致有利的，完全可以视为东风标致的一篇大型推广软文。虽然新浪汽车频道不直接在专题页面上销售这款车型，但在事实上的确促进了东风标致的口碑传播，令东风标致的品牌形象有所提升。

图 4-2 新浪汽车频道"东风标致 2008 上市"专题

4.1.4　专题制作流程

专题制作的完整流程通常包含以下六个步骤："选题策划""填充内容""页面制作""程序制作""测试上线""维护推广"。与其对应的职能部门分别是：编辑、编辑、设计师、程序员、全体人员和编辑，如图4-3所示。

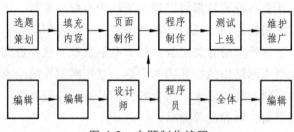

图 4-3　专题制作流程

根据专题性质、制作难易程度不同，以上步骤有的会被省略，而有的可能会被特别强调。

在专题制作的时间流程上，也不完全是一个步骤结束后再进行下一步骤。具体的制作要点，我们将在 4.2 节中详细讨论。在此，我们首先进入编辑需要负责的前面两个步骤：选题策划和内容填充。这两个步骤对于专题来说至关重要，因为它决定着此后所有制作过程的落实情况。

4.1.5　选题策划

1. 优秀选题的标准

对于专题来说，选题策划如同基石，至关重要。选题成功，专题就成功了一半。如果选题方向偏了，那么接下来的内容、设计乃至程序都是在做无用功。一个优秀的选题应该至少满足以下四个标准：

1）符合用户需求

只有用户真正需要的内容，才能成就一个好的专题。这一点看似简单直白，但在实际操作的过程中，确实有不少编辑对用户需求把握不准。他们或仅从自身经验出发策划专题，或为了省事把手上的材料简单集合而成为专题。但这些做法在专题成型后都可能面临用户"不买账"的尴尬。所以策划专题的第一步也是最重要的一步就是搞懂用户要什么。

2）能为网站带来流量/销量/口碑

专题的制作并不简单，需要投入人力、时间甚至金钱，所以专题必然要能为网站带来利益。这个"利益"根据专题类型不同，可能是流量，可能是销量，也可能是新用户，或者在用户中建立品牌，达成口碑传播的效应。专题的好坏不能仅从内容多寡、设计好坏来判断，更要从目的性上加以考察。

3）可操作性强

有的专题选题看似"华丽"，但制作成本太高，无法最终实现，可能是内容不容易挖掘，可能对设计要求太高，也可能需要投入大量人力和财力。这样的选题就落入了可操作性弱的陷阱。从这一点上看，做专题和做投资一样，也要考虑回报率。如果无法预见某个选题能否带来高收益，那么前期投入的成本也应该得到相应控制。总之，专题本身不是目的，为网站带来利益才是最终目的，所以应该量力而行。

例如留学方面的选题策划，"北美十大名校实地探访"听起来是一个很能吸引潜在留学生的专题，但"实地探访"就可能意味着要选派记者去当地考察，花费不菲。在无法预测专题收益的情况下，建议改为"北美十大名校探访"，用成本较低的方式，或转载现成文章，或联系当地学生写稿，去呈现相似的主题。

4）具备延展性

所谓"延展性"可以从两个角度理解。其一是指专题内部的内容可以根据选题发散开来；其二是指和此选题相关的其他选题也符合用户需求，可以进一步制作。

就第一点而言，选题的范围应该大小适中，让编辑能挖掘合适的内容进行填充。"专题"所包含的内容应小于网站的"栏目"。比如，对一个影视类的网站而言，"韩剧"可以作为它的栏目之一，而作为专题就过于庞杂，无法照顾方方面面的内容。当然我们也可以针对"韩剧"这个主题策划专题，比如以某一类型的韩剧作为切入点，"那些讲述初恋的韩剧"就是一个比较合适的选题。

"专题"所包含的内容同时应该大于"文章"。如果文章是点，那么专题则应该是串起文章的那条线。我们在进行选题策划时，应该避免选题范围过于狭隘，导致专题内容单一。还是以韩剧的主题举例，"本季度最受欢迎的十部韩剧"相对而言就更适合以文章形式发表，而不是专题。

就延展性的第二点来说，如果一个专题发布之后受到用户欢迎，那么我们应该有意识地策划系列选题，制作成专题。比如对一个书籍推荐网站而言，如果"东野圭吾系列推理小说"是一个受欢迎的专题，那么接下来，则可以将日本其他知名推理小说家也作为选题策划。

2. 选题策划的方法

要达成以上四个标准，到底应该如何进行选题策划呢？我们在此提供六种不同的方法供大家参考：

（1）找准本站定位，研究行业规律，优先确定有周期性的专题。

每一个行业都有其既定的行业现状和发展规律。网站在确定了自身站点的定位之后，可以首先研究所在行业的发展情况，从规律出发，优先确定有周期性的专题。以电影类的网站为例，每一年都有一些固定的时间节点是行业高峰，如暑期档、新年档；还有一些大型的颁奖典礼也需要定期关注，如奥斯卡、金球奖。作为网络编辑，尤其是新手，应该先把这些固定的专题选题整理罗列，确保不错过行业焦点。

（2）挖掘用户需求：观察用户行为，发布调查问卷。

通过观察用户行为和发布调查问卷两种方法，我们可以清晰地了解用户的真实需求，从而制作他们需要的专题。观察用户行为包括：查看用户在站内的评论、留言，看他们具体在谈论什么；查看后台数据，了解他们停留时间最长的栏目或网页；加入他们的讨论小组甚至QQ群，与他们沟通。除此以外，编辑还可以制作在线调查问卷，直接向用户发问，从而获取专题选题的灵感。

（3）研究竞争对手。

以目前网络媒体的发达程度来说，每一个行业都存在不少同类型的网站，也就是说每个网站都会有相应的竞争对手。竞争对手的存在不是坏事，良性的竞争可以提供彼此学习的机会，从而促进整个行业水平的提高。在做选题策划时，不妨多研究竞争对手，看看他们的选题角度，借鉴做得好的地方，从而找到自己的方向。

（4）横向拓展受欢迎的专题。

有的选题一经制作发布就大受欢迎，那么此时不妨横向拓展开去，策划类似的专题，这样既省力，又能保证点击量。比如一个书籍类网站，如果"日本推理小说大师东野圭吾"的专题受到读者欢迎，那么编辑大可以将宫部美幸、京极夏彦等作者也作为选题陆续搬上网站。

（5）关注传统媒体。

在传统媒体中，杂志的工作方式和网站专题的制作过程有非常多的类似之处。杂志编辑经过多年的选题策划训练，往往眼光独到、角度新颖，常常能出彩出新。所以网络编辑在策划专题时，也可以多多参考同行业的杂志。尤其是制作时效性不强的内容型专题时，杂志的深度和广度都是值得网络编辑学习的。

（6）与热点挂钩：关注关键词。

在互联网的世界里，每时每刻都有新鲜事在发生，都有新的关键词出现。作为网络编辑，即便是这些关键词和你所属的网站无关，但依然需要随时保持关注。因为利用关键词做一些"跨界"的选题策划，不仅新颖，还可以踩着关键词的热点为网站提升流量、增加权重。比如2014年有一部热播韩剧《来自星星的你》，虽然是一个影视类的关键词，但不少有心的网络编辑都利用它和自己的网站搭边，制作出了精彩的专题。比如旅行类网站策划的"跟着《星你》游韩国"，就挑选了剧中知名的拍摄地点，以此为线索制作了韩国旅行专题；又比如时尚类网站策划的"看《星你》，学女神扮靓"，也利用剧中女主角全智贤的知名度，整理推荐了服饰、饰品和化妆品的信息。

4.1.6 填充内容

在网络专题的制作过程中，做什么很重要，怎么做也很重要。所以在确定了大方向之后，我们面临的下一个问题是：如何策划同时具备广度、深度、互动性的栏目内容来支撑选题？

通常来说，有以下两种策划思路：

1. 横向拓展

以内容型的专题来说，从专题的中心主题出发进行横向拓展是最常见的栏目策划思路。还是以此前所举"日本推理小说大师东野圭吾"的专题为例，因为是一个书籍类的网站，所以在专题中必然会包含一个栏目，介绍东野圭吾的所有重要作品；又因为东野圭吾的许多作品都被改编成电影和电视剧，所以相关的影视作品也可以成为一个栏目；再顺着这个思路往下走，电影、电视剧中出现过的受欢迎的主题曲也可以成为独立的栏目。

以上是以书籍作品为中心展开的内容拓展。除此以外，我们还可以以人物为主题展开。比如东野圭吾的生平可以作为一个栏目，和东野圭吾类似的其他推理小说家作为另一个栏目，甚至是出演过这些影视作品的大牌明星，也可以成为一个栏目。

由以上思路我们不难发现，横向拓展通常是找到一个中心点，再挖掘与之相关的其他内容。栏目与栏目之间内容相关，没有时间上的先后顺序。

2. 纵向拓展

所谓"纵向"即是以时间线为主线组织内容和栏目。比如2015年5月9日为四川大学锦城学院建校10周年，在"10周年校庆"专题网页中，策划了一个"流金岁月"栏目，就以时间线为主轴，罗列学校发展十年来的每个"第一"，如图4-4所示。

图4-4　四川大学锦城学院"10周年校庆"专题

当然，通常来说一个网络专题会融入以上两种策划思路。对于内容类的专题，可以将纵向的思路应用于其中的某一个栏目。比如在东野圭吾的专题中，他的个人生平就完全可以用时间轴的方式表示；对于新闻类的专题，也可以在时间轴叙事的基础上，加入对事件背景、主要人物、周边概况等信息的说明。将两种方式融会贯通，可达到丰富整个专题的效果。

除了横向和纵向这两种基本的思路，还有一些基本的元素是网络编辑可以在策划栏目时参考的。包括：

（1）专题摘要/题记。

（2）事件历史、背景、周边概况。

（3）各类相关盘点内容，如"十大""Top 5"等。

（4）读者互动，包括调查、话题讨论、投票等。

（5）图片。

（6）视频。

（7）Flash 动画。

总之，在进行专题内容填充时，应尽可能多地利用多媒体手段来丰富专题的展现形式。与此同时，也要切忌单纯的内容堆砌，而是要用一条主线引导读者跟着编辑的思路往下走。这样，一个同时照顾到广度和深度、思路清晰、符合读者需求的网络专题，才是一个成功的好专题。

【思考与练习】

1. 网络专题聚焦的主要目标有哪些？请举出近期实例。

2. 为什么说网络专题是一个网站的灵魂？

4.2 专题的制作

从制作角度来讲，我们可以将专题分为两种类型：模板专题和设计类专题。模板专题是指网络编辑可以独立操作，通过 CMS 后台系统提供的专题模板制作而成的专题。此类专题通常有一种或几种统一的排版样式，可以快速生成、上线，尤其适合突发类新闻专题的制作。设计类专题则需要多方配合，制作精美，展现形式多样。这样的专题相对模板专题更加耗工耗时，适合不需要时效性，但能带来高流量或高销量的内容。

4.2.1 【实践任务】模板专题的制作

1. 制作流程

对比图 4-3 所示完整的专题制作流程，我们不难发现，图 4-5 所示的模板专题制作流程更简单，并且通常只需在编辑部门内部操作完成，无须设计师和程序员的加入。这是因为页面设计的步骤被省略了，而制作步骤在 CMS 系统的辅助下也变得相对容易。因为流程的缩短，制作时间也大大缩短。具体制作时间视内容繁简程度有所不同。一个熟练的网络编辑，在专题内容不那么复杂的情况下，通常半天就可以完成一个模板专题。

图 4-5 模板专题制作流程

2. 制作工具：CMS 系统

如上所述，模板专题的制作依赖于专业的网站内容管理系统：CMS。关于该系统，我们在第二章中已经学习过，知道它可以处理文本、图片、Flash 动画和音视频文件。现在我们再介绍它的另一个重要功能：专题制作。

CMS 系统自带的专题管理功能让网络编辑们无须掌握复杂的 HTML、CSS 等代码知识，也能快速、方便地搭建出漂亮的网络专题页面。CMS 系统通常会有一些统一的模板供编辑选择。CMS 系统因为是一个开源系统，所以每一家网站的 CMS 系统后台都可能有所不同，但整体的架构万变不离其宗。我们现在就以某网站的 CMS 后台系统为例，说明如何制作专题。

首先通过 CMS 系统提供的新建 Tag 专题选项，可以看到如图 4-6 所示页面。

图 4-6 所示页面详细提供了一系列专题所需要填写的模块，网络编辑只需要按照要求一一填写，就可以制作出完善的专题。

（1）专题名称：填写本专题的名称。尽量以专题所需的核心关键词为专题命名。

（2）专题 Tag：每一个专题都需要文章来填充内容。此 CMS 系统可以通过提取不同文章下的同一标签，来达到调用文章到专题页面的效果。即编辑无须一一手动添加数篇文章到专题页面，只需在文章库中为不同文章加上同一个标签，再调用到专题即可。例如，为文章 A、B、C、D 统一加上标签"专题"，再在这个"专题 Tag"的位置填写"专题"，就可以将 A、B、C、D 一并提取到专题的页面中来。

（3）别名（url）：即专题页面网址的后缀。如新浪新闻频道的专题统一地址为 http://news.sina.com.cn/c/z/×××/，不同专题有区别的部分只在结尾的×××处。此处需要填写的就是后缀×××。填写时仅能用英文字母，或字母与数字的组合。

（4）选择模板：该 CMS 系统提供了两套模板。根据各站点不同的需求，有的系统会提供多套模板。

（5）是否启用：待专题制作完毕后选择"启用"，则普通用户也可以通过固定入口访问该专题。

（6）Banner 图：即专题头部大图。此处提供上传入口，同时可以规定 Banner 图的宽和高。

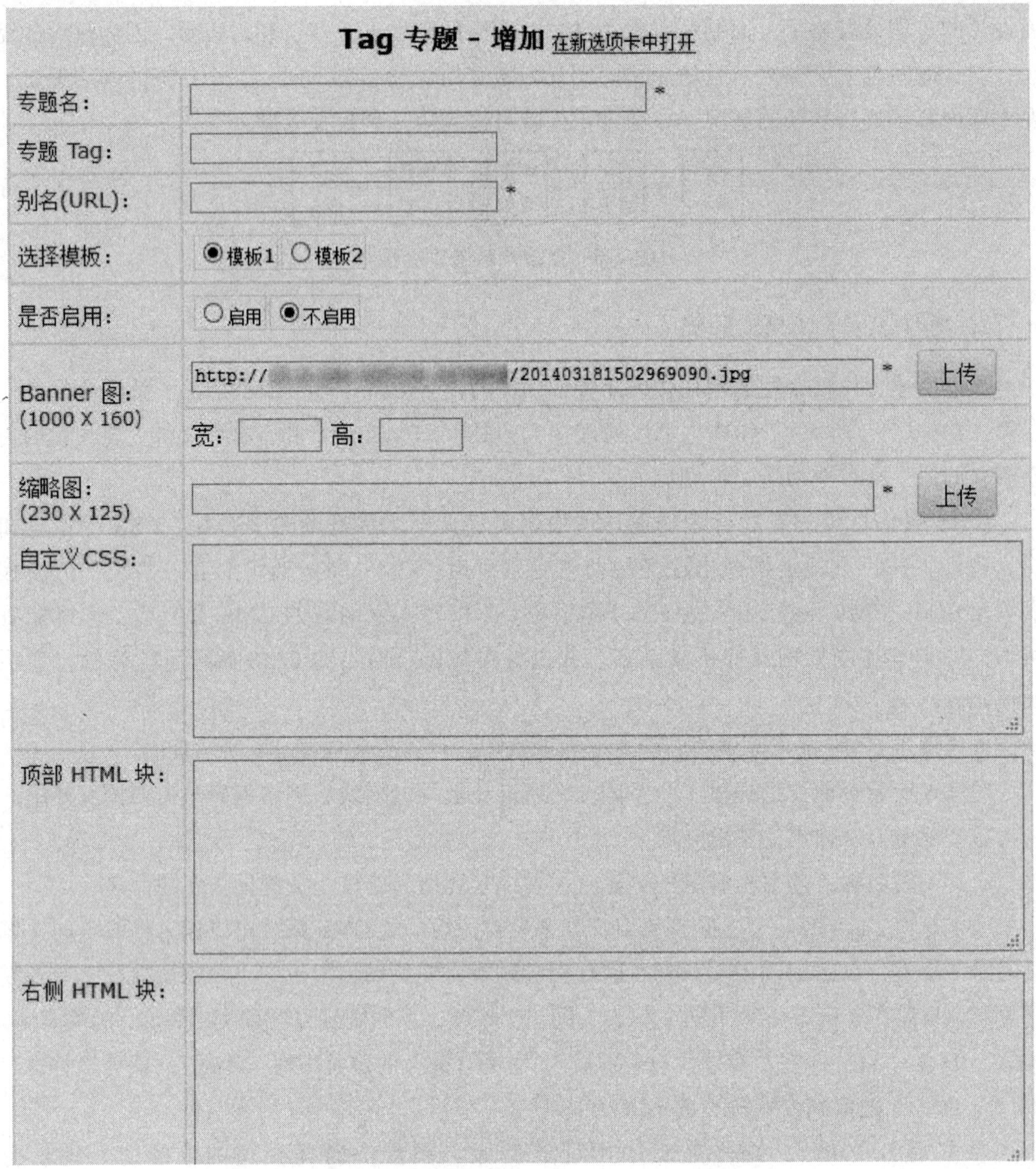

图 4-6　CMS 系统提供的新建 Tag 专题界面

（7）缩略图：指专题需要提取到网站首页或其他页面做宣传时所需要的小图。

（8）自定义 CSS：当专题页面需要较为复杂的设计展示时，可以在此处加入相对应的 CSS 代码。这样可以适当改变统一模板的设计风格、颜色、图片、间距等，以达到多样化的设计效果。如果没有设计上的需求，此处也可以留空。

（9）顶部 HTML 块、右侧 HTML 块、底部 HTML 块：一个专题，除了固定的文章列表页面，还有其他如头部引言区、底部互动区、右侧图片区等位置。这些位置无法调用文章展示，所以 CMS 系统也同时提供了可以灵活操作的 HTML 区块，通过填写相应的 HTML 代码来达到编辑希望达到的效果。

至此，就可以大致完成一个专题的搭建。以"清明小长假"专题为例，其最终效果如图4-7所示。当专题需要多个文章栏目时，也可以对专题进行修改。在修改选项中，系统会提供多个内容模块的添加。

图 4-7 "清明小长假"专题页面效果

4.2.2 【实践任务】设计类专题的制作

设计类专题往往样式精美、排版新颖，因而制作流程也相对复杂，需要完整的流程加以辅助，如图4-8所示。正如我们此前所述，这六个步骤也对应不同职位的人员完成。

图 4-8 设计专题制作流程

1. 选题策划——编辑

编辑通常是专题需求的发起方，因为他们的工作需要和用户接触，因此最了解用户需求。策划过程视具体选题情况而定，有时由一位编辑完成后，直接提交主编审核；比较重要的选题可能会同时交给几位编辑策划，再提交主编挑选、审核。

2. 填充内容——编辑

在确定了选题之后，编辑还需要进一步完成内容的规划与搜集。通常在有了大致的内容框架后，编辑就可以画出简单的专题排版，与设计师沟通，将其完善为标准设计稿。

早年编辑在为专题排版时常画手稿，以非电子版的形式交给设计师作为参考。但这种方式一来无法精准表述排版的大小、位置，二来不利于文件的传输。因此，现在编辑在设计简要排版图时，常常使用一种原型工具——Axure RP，如图4-9所示。

Axure RP

最佳原型设计工具

从线框草图 (Wireframe) 到交互原型 (Prototype)，
以及细致的规格文档 (Specification)。

您所需要的功能一应俱全，介面简单容易操作，深
受互联网产品经理及交互设计师所喜爱！

图 4-9　Axure RP 软件

Axure RP 由美国 Axure Software Solution 公司开发，是一个专业的快速原型设计工具。它名字中的 RP 即 Rapid Prototyping（快速原型）的缩写。

这个工具具备可视化的工作环境，可以让编辑轻松快捷地用鼠标创建带有注释的线框图，且不用进行编程就可以在线框图上定义简单链接和高级交互，非常适合用来制作专题的初稿。除此以外，它还可以快速创建应用软件或 Web 网站的线框图、流程图、原型和规格说明文档，因此目前已经广泛被互联网公司，尤其是产品经理和交互设计师所采用。

现在我们就从编辑制作专题的角度，简单了解 Axure RP 的使用方法。

图 4-10 所示是 Axure RP 的基本界面以及各界面的简单说明。我们可以看到界面的中心是 Axure RP 的设计区域。用户可以直接拖动左侧第二栏中的各种控件到这个区域中来，以实现对页面或软件的构想。

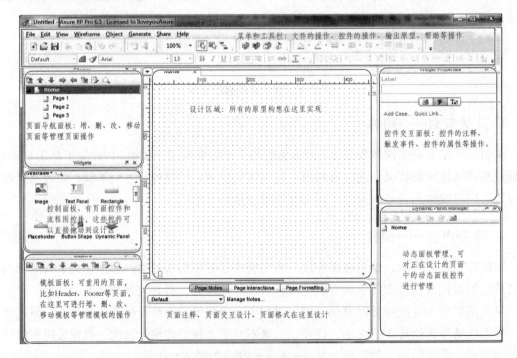

图 4-10　Axure RP 界面

左侧第一栏是页面导航面板。此处可以增加、删除、修改或移动页面，也可以清晰地看到一级、二级页面之间的联系。

左侧第二栏是控件面板，包含了所有的页面控件和流程图控件。我们平常在网页上看到的几乎一切效果，包括点击打开、鼠标浮窗、按钮变色等，都可以通过这里的控件来实现。

左侧第三栏是模板面板。一些比较固定的页面，如 header 或者 footer 等，都可以直接从这里调用。

右侧第一栏是控件交互面板。在此处可以对控件的注释、触发事件、控件属性等进行操作。

总体来说，Axure RP 是一个功能十分强大的软件。熟练的使用者可以利用它制作出高保真的原型图。对于网络编辑来说，我们主要用它表示对专题的初期排版，目的是与设计师沟通。而真正的页面设计部分还是需要交给专业的设计人员来完成。

图 4-11 展示了沪江日语网络编辑所制作的公开课专题原型图。在图上我们不仅可以看到网络编辑对专题的风格要求与构想，同时还可以看到一些成型的元素，比如日历、下载按钮等。

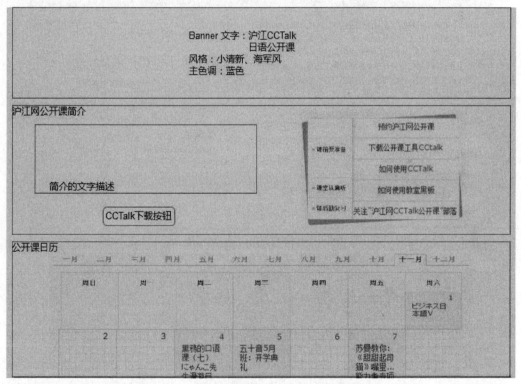

图 4-11 沪江日语网公开课专题原型图

3. 页面制作——设计师

当设计师收到网络编辑制作的原型图之后，就可以根据网络编辑的要求制作出进一步的设计稿。这个设计稿基本已经可以展现专题的风格、排版以及各个栏目的所在位置。设计稿制作完成后，设计师会与网络编辑进一步确认。如果通过，则交由前端程序员将设计稿编成网页。

图 4-12 展示了设计师根据以上原型图所制作的设计稿。可以看到设计师已经根据上一步中的原型图制作出了成型的网页设计稿。

图 4-12　网页设计稿

4. 程序制作——程序员

当网络编辑和设计师对设计稿达成一致之后，前端程序员就可以根据设计稿制作出最终的网页。此时，编辑应该将最终确定的全部内容、链接、图片都交予程序员。当专题是静态页面，即无须提取任何文章，上线后网页内容不会发生变化时，前端程序员就可以完成这一步操作；但如果专题涉及较为复杂的数据提取，这一步还需要后端程序员的介入。

5. 测试上线——全体

当程序员完成第四步之后，通常会将网页上传至本公司的内部服务器中，得到一个验证环境下的地址。这个地址一般来说只能通过公司内部的 IP 地址访问。程序员随后会将这个地址交予编辑和设计师一起完成最后的检查与测试。检查内容通常包括：文字、链接是否正确；图片大小、清晰程度是否合适；如果涉及文章提取，提取的文章是否正确等等。待检查完毕、没有问题之后，程序员就会将网页上传到连接外网的服务器上，并得到最终的正式网页地址。编辑拿到这个地址之后，就可以完成最终的推广与维护工作了。

6. 推广维护——编辑

一个专题上线后，工作并不算真正结束，网络编辑还需要对专题进行推广。推广专题的力度和专题的目的性、重要性直接挂钩。一般新闻类、内容类的专题在推广时不会付费，只会利用搜索引擎或友情链接交换等手段进行。但如果是销售型的专题，即可以直接为网站带来利益，则可能会支付一些费用，比如购买百度排位或其他网站的显要位置。

编辑在推广时通常有以下手法：

（1）挖掘本站优势资源，如首页或流量高的其他页面，上线后在这些页面的重要位置挂上专题入口。

（2）如果本站有配套社区，要在社区中组织相应的活动，带动网友气氛，炒热专题关注度。

（3）利用第三方平台，比如微博、微信、相关论坛等推广本专题。

（4）及时更新专题内的相关文章，并在单篇文章中带入专题地址，吸引流量。

除了推广专题外，对重要程度高的专题还应安排专人进行后期维护。后期维护的内容包括：更新文章、检查图片与链接、回复网友评论等。有的专题不具备即时性，而是以内容为主，可以常年为网站带来流量，比如摄影类网站的新手入门专题、外语类网站的语法专题等。对这类专题应该定期安排人检查，遇到问题及时修复、更新。

4.2.3 专题的 SEO 要点

和单篇文章的编辑一样，专题制作同样要注意针对搜索引擎进行优化工作。事实上，搜索引擎的爬虫或机器人是非常青睐专题这种形式的网页集合的。因为在同一个页面之下，专题融合了众多和同一个关键词相关的文字、图片、视频，搜索引擎因此会给予该网页不错的权重。由此可知，网络编辑在制作专题时，不仅仅要考虑内容的全面性和排版的美观性，同时也应该注重 SEO。

专题的 SEO 可以从以下几个方面着手：

1. 关键词

对于专题而言，应该优先根据内容确定一个中心/核心关键词，再围绕这个核心关键词挖掘一系列的长尾关键词。中心关键词可以通过百度指数、站长之家等工具类网站加以确认。而相关的长尾关键词也可以作为具体栏目策划的标准。

举例说明，一个亲子类网站准备策划一个"幼儿学英语"的专题。网络编辑可以首先通过站长之家（http://tool.chinaz.com/kwevaluate/ ）查询与之相关的关键词中哪一个优化难度较低。得出结论是，相比"幼儿英语""幼儿学英语"等关键词，"幼儿英语学习"相对容易优化，因此把它作为中心关键词。

再利用百度指数（http://index.baidu.com/ ）查询与"幼儿英语学习"相关的长尾关键词，可以发现"幼儿英语儿歌""幼儿英语单词""幼儿英语故事""幼儿英语教材"等，都是用户热搜的关键词。因而可以判定，以上这些都可以作为专题的栏目进行内容填充。

除了确定中心关键词和长尾关键词外，关键词在整个页面上的分布也至关重要。关键词应该至少出现在专题页面上的 5 个地方：

（1）页面 Title。

（2）页面 Keywords。

（3）专题 url 地址，以英文或汉语拼音表示。

（4）专题文章标题。

（5）专题具体文章内容。

通过不断重复出现的关键词，可强化爬虫印象，以此做好页面 SEO。

2. 链 接

在对链接的处理上，首先本专题的具体内容页面应尽可能少出现外链接。如果一定要链接到外站，那么在链接的 HTML 代码中应该加入"rel=nofollow"的字段，告知搜索引擎爬虫（机器人）无须追踪目标页。其根本目的是禁止传递权重。

比如网易 2014 年南方暴雨专题（http://news.163.com/special/baoyu2014/）中，理论上在这个页面出现的所有文字以及图片链接都应该是网易内部的链接，即以"http://news.163.com/"开头的链接。但假如此时网易需要与新浪合作，将其中一条链接给到新浪首页，那么此时这条链接的 HTML 代码则应写为：<a href= "http://www.sina.com/" rel=nofollow>新浪首页</a>。

除了处理好由专题本身发散出去的链接以外，如果能从其他高权重的页面或者网站链接回专题本身，这在一定程度上也能加重本专题的权重。这也是很多专题上线后，网络编辑们都希望能在网站首页拿到推荐位置的原因。除了能为专题引导流量，网站首页也通常是网站中权重最高的页面。能从这个页面指向专题地址，对专题的 SEO 是非常有好处的。

但首页也好，外部的友情链接也好，这样的位置都是稀缺资源，不能长期为专题带来流量。所以除了这些位置，网络编辑们也应利用普通页面上的锚文本，通过这些和专题关键词挂钩的锚文本链接回专题，从而增加专题在搜索引擎方面的优势。

3. 图 片

为了展现形式的多样性，很多专题都喜欢运用大量图片。但搜索引擎爬虫（机器人）是无法读取图片本身的信息的。如果不加以说明，这些图片就白白浪费了位置。所以在专题中出现的图片，最好能在代码里加入对图片的文字说明，使搜索引擎理解这些图片都是与专题内容挂钩的。当然最理想的做法就是使用相关的关键词或长尾关键词作为图片说明。

举例来说，普通图片的 HTML 代码写成<img src= "xx.jpg">，而如果希望有利于 SEO，则应写成<img src= "xxx.jpg" alt= "长尾关键词">。

4. 其 他

除了以上几点，页面的大小也应该控制在合适的范围内，否则不但不利于搜索引擎的优化，也会影响用户的加载速度，从而造成不好的用户体验。

另外，为做好专题的 SEO，通常还建议编辑们提早发布专题的简洁版，以确保专题的时间优势。尤其是对于竞争激烈的突发事件，因为很多网站可能都在争分夺秒地制作专题，此时可以牺牲部分内容的精致性，快速把基础专题发布出来，以此抢占关键词的先机。等搜索引擎已经收录了专题页面，再慢慢把内容做精和做细。

【思考与练习】

1. 假设你是一名门户网站新闻频道的网络编辑，请以"春运"为选题，策划相应的内容栏目。
2. 请简述 Axure RP 在网络专题制作中起到的作用。
3. 请简述模板专题和设计类专题在制作步骤上的异同点。
4. 请简要分析专题制作时的 SEO 技巧。

5 社交媒体运营

【章首点睛】

社交媒体（Social Media），是伴随着 Web 2.0 时代的普及而兴起的一个新概念，是指允许人们撰写、分享、评价、讨论、相互沟通的网站或网络社区。相对于 Web 1.0 时代的门户网站形态，社交媒体更多依赖用户自身制造、生产并传播内容，打破了由编辑撰稿、收集并发布信息的单一模式。常见的社交化媒体产品包括论坛、SNS 社区、博客、微博、微信等。

5.1 网络社区发展的简要历程

社交媒体（Social Media）指互联网上基于用户关系的内容生产与交换平台。

社交媒体的重要特征是 UGC。所谓 UGC，全称为 User Generated Content，即用户创造内容。这一特性代表着社交化媒体进一步扩大了网络媒体的"去中心化"属性。任何新闻、资讯或信息都不再由具备新闻采编资格的报纸、杂志，受过专业训练的记者、编辑来发布。每一个网民，只要自己愿意，都可以通过社交化媒体提供的平台传播信息。所以在社交化媒体时代，我们会发现越来越多的博客作者在发表时政评论、对经济现象做出解释，也能看到越来越多的微博用户在新闻事件发生的第一现场发布图片、发表感受。

作为网站本身，UGC 时代的到来意味着不再依赖少数几个记者编辑来创造内容、填充网站，编辑更多的是变成了网站的"运营者"，他们的主要工作是通过活动、网络产品或运行机制去刺激用户创造网站需要的内容。比如 YouTube 这样全球最大的视频网站，其内容中有相当大的比重来自用户自行拍摄的内容，包括家庭录像、歌曲翻唱，甚至自拍短片、小电影。这些内容的制作与上传都不是 YouTube 直接要求和指导的。YouTube 只提供这个展示空间，而充斥其中的内容全由网友做主。

作为网络编辑，在具有社交化媒体属性的网站工作，其工作职责和 Web 1.0 时代资讯类的网站已经有了很大不同。我们将在这一章——检视不同的网络社区有什么样的特点。更重要的是，身为编辑应该如何运营这样的社区？如何辅助企业在这些网络社区中达成营销目的？

从全球范围看，伴随计算机的迅速普及和互联网技术的突飞猛进，网络社区经历了不同形态的演变与拓展。从最初的 BBS 电子公告板、新闻组、电子邮件，延伸至公共论坛、在线游戏和电子商务，再拓展至各种贴吧、博客、SNS、微博、微信等新媒体形态，网络社区的表现形态越来越多样。目前，无论是在国外还是在国内，网络社区，尤其是其中的互动属性，代表着网络应用的发展方向这一观点，已经得到业内的广泛认同。[①]

我国网络社区的整体发展可以粗略地分为三个阶段：

1. 雏形阶段（1991 年——1996 年）

主形态：BBS。

代表站点：北京长城站、中国惠多网（CFido）。

特点：参与人数少，交流形态单一，集中在技术人员的小圈子。

BBS，全称为 Bulletin Board System（电子公告板）或者 Bulletin Board Service（公告板服务），是 Internet 上的一种电子信息服务系统，即通过网络来传播和获取信息的公告板或论坛。它在 20 世纪 70 年代末诞生于美国芝加哥。1978 年芝加哥开发出的一套基于 8080 芯片的 CBBS/Chicago（Computerized Bulletin Board System/Chicago），算是世界上最早的一套 BBS 系统。

1981 年，IBM 个人计算机诞生，但没有自己的 BBS 系统。一年后，Buss Lane 用 Basic 语言为 IBM 个人计算机编写了一个原型程序。其后经过几番增修，终于在 1983 年通过 Capital PC User Group（CPCUG）的 Communication Special Interest Group 会员的努力，改写出了个人计算机系统的 BBS。经 Thomas Mach 整理后，终于完成了个人计算机的第 1 版 BBS 系统——RBBS-PC。这套 BBS 系统的最大特色是其源程序全部公开，有利于日后的修改和维护，因此后来在开发其他的 BBS 系统时都以此为框架，所以 RBBS-PC 赢得了 BBS 鼻祖的美称。

1984 年美国人 Tom Jennings 开发了一套电子公告板程序 FIDO（惠多网）。由于该软件具有站际连线和自动互传信息的功能，所以站际间彼此可以在一个共同的预定时间传送电子邮件，使得 BBS 开始具备网络化的属性。随着 FIDO 和家用个人计算机的发展，越来越多的普通用户开始使用 BBS 论坛作为网络交流的工具。

在我国，BBS 的发展起始于 1991 年在北京创建的长城站。当时由于技术条件的限制，只有人数非常有限的技术人员在使用 BBS 上网交流。直到 90 年代中期，BBS 才在中国快速地发展起来，全国各地开始涌现大量商业和业余的 BBS 站点。这些 BBS 站点每天都通过长途拨号互相交换信件，渐渐地形成了一个全国性的网络 ChinaFidoNet（中国惠多网），如图5.1 所示。

当年活跃在 BBS 站点上的站长们，后来都逐渐成长为中国互联网的"弄潮儿"。著名人物有深圳 PonySoft BBS 站长马化腾（现腾讯公司控股董事会主席兼首席执行官），珠海西线BBS 的求伯君（原金山公司执行董事及董事会主席），雷军（小米科技创始人、董事长兼首席执行官，金山软件公司董事长），大自然站的站长兼自然码的作者周志农等。

在这一阶段，由于大环境的限制，国内个人计算机普及程度低、网速慢，再加之 BBS 的开放尚处于初级阶段，使用形式不符合普通用户的需求，导致 BBS 的发展始终局限在小

---

① 齐立稳. 我国网络社区的发展历程浅析[J]. 北方传媒研究，2010（5）.

圈子中。这一阶段的其他网络交流方式也相对比较单一，除了BBS以外，基本局限在电子邮件群组。

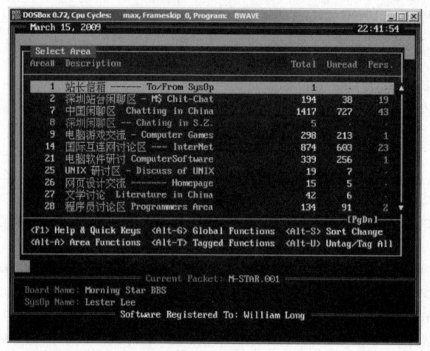

图 5-1　中国惠多网界面

2. 第一代网络社区（1997年至今）

主形态：BBS、聊天室、QQ、电子邮件。

代表站点：西祠胡同、天涯、ChinaRen。

特点：信息流以文字为主，平民化，交流形态多样，民主开放。

1997年前后，中国内地开始出现成规模的、具备应用意义网络社区，越来越多的普通网民开始加入到网络社区中，为国内社交化媒体的发展提供了动力。

1998年3月，大型个人社区网站"西祠胡同"创办；1999年6月，"全球华人虚拟社区"ChinaRen开办。其中，西祠胡同成功地发展了以讨论版组群为主导的社区模式，而ChinaRen则第一次以聊天室为核心，开发了游戏、邮件、主页、日志等一系列以用户为中心的服务内容。此后，讨论版组群和聊天室迅速成为各大社区网站的核心应用。大型的论坛，比如天涯、猫扑等综合性论坛逐步建立和发展，至今仍具备强大的影响力。

同样也是在这一时期，腾讯公司借鉴紧随ICQ的步伐，在深圳开发出了国内第一款即时通信工具OICQ，后简称QQ。QQ在国内急速扩张，用户数量不断增大，几乎人手一个QQ号。而随着用户数量的递增，腾讯也在这款IM（Instant Messaging，即时通信、实时传信）工具的基础上拓展出了门户网站、游戏、电子邮件乃至后来的QQ空间社区、电子商务平台等，逐渐成长为中国首屈一指的互联网航母。

电子邮件出现的年代较早，但真正开始被大量用户接受和使用也是在这一时期。除了家用计算机的普及外，大量门户网站开始向用户提供免费个人邮箱也是重要的原因之一。

从 1997 年开始崭露头角的这些网络社区形态至今仍在人们的网络生活中扮演着重要的角色。某些社区形态有了后续的发展，如大型的综合论坛逐步减少，但专业细分类的论坛依然保持活力，如摄影论坛"色影无忌"、军事论坛"铁血军事"等；某些形态逐渐没落，如聊天室已被更为私密的 QQ 群组替代。而电子邮件地址连同 QQ 号，则开始逐渐成为除电话号码、通信地址以外的个人"名片"。这不得不说是网络社区改变线下生活的一项重大突破。

这一时期的网络社区产品形态更加多样化，但每一种形态都呈现出开放、平民化的特征。每一个网民都可以不受限制地注册任何一个他们喜欢的社区，在不违反国家法律的前提下，尽可能地畅所欲言，表达自己的看法。相对于真实世界的社交方式，虚拟社区中交流的成本更小，门槛更低，不受时间空间的限制，各种思想在网络中碰撞、爆发，大有百家争鸣之态。

另外值得一提的是，这一时期的交流受技术限制，更多以文字信息为主。无论是论坛、聊天室，还是电邮、即时通信工具，民众在网络上的阅读方式更类似于平面媒体中的报纸、杂志。发表意见的方式也多数以书面语为主，口语化、网络化较少。网络要真正成为"富媒体"的代表，形成特有的网络语言还要等到下一个阶段。

3. 第二代网络社区（2003 年至今）

主形态：SNS 社区、博客、微博、微信……

代表站点：Facebook、人人网、新浪博客、Twitter、新浪微博……

特点：网络固有圈子的形成，私密性强，互动方式多样化，信息碎片化。

经过第一代网络社区的发展，中国互联网行业各方面的条件都趋于成熟：硬件与软件条件更佳，网民数量急剧增长。但同时，第一代网络社区所暴露出的局限与问题也愈发明显。以论坛为例，开放与平民化的特征为它赢取了首批用户。但也正是因为如此，网民注册匿名、发言没有禁忌、论坛管理自由松散，导致论坛时不时爆发出争执、谩骂的恶性事件。第一代网络社区的产品通常没有细分，内容大而全。这在一开始起到了广泛吸纳用户的作用，但时间一长，也会导致用户的特定需求无法满足，活跃程度降低。所有的这些变化与不足，都促使了在 2003 年前后新一轮社区产品的诞生。而其中首先引起业界关注的，就是 SNS 社区。

SNS 全称 Social Network Service(也称 Social Networking Service 或 Social Network Site)，中文译名为"社交化网络"。2002 年成立于美国的 Friendster 是业界公认的 SNS 第一站，如图 5-2 所示。虽然其最初发展势头迅猛，但仅仅 2 年后，Friendster 就由于注册人数超过了服务器负载的规模，致使网站运行缓慢甚至无法登录。这使得用户极为不满，由此导致Friendster 在美国的用户大幅流失。

图 5-2　Friendster 登录界面

　　Friendster 的失利给了 MySpace 以及后来大红大紫的 FaceBook 机会。其中 MySpace 截至 2007 年注册人数超过 2 亿，为全球用户提供了一个集交友、个人信息分享、即时通信等多种功能于一体的互动平台。而后来居上的 FaceBook 创建于 2004 年 2 月，其创始人马克·扎克伯格当时是哈佛大学学生。FaceBook 一开始也是针对学生群体，从哈佛大学本校开始，逐渐扩展到全球高校，最终成为全球注册人数第一名的 SNS 网站。截至 2012 年 5 月，FaceBook 已经拥有超过 9 亿的注册用户。

　　SNS 与上一代网络社区的不同之处在于其所强调的网络关系源于真实世界。无论是 MySapce、FaceBook 还是后来在国内发展起来的人人网、开心网，都会鼓励或要求用户填写真实的个人信息，进而再根据用户的背景资料，如教育、工作、所在地区等推荐与之有联系的其他人。用户与用户之间的关系不再完全局限于虚拟世界，而是由线上延伸到线下。这种联系较之上一代网络社区明显更为紧密。

　　与 SNS 社区同一时期成熟起来的博客、微博、微信等，真正开创了以网民个体为中心、自由发声的平台，为后来的 UGC（用户创造内容）概念奠定了基础。

【他山之"识"】网络媒体内容整合、分发模式的变化历程

　　随着互联网络技术的发展，我国网络媒体在内容整合和分发模式上大致经历了三个阶段的变化：在互联网诞生之初，网络媒体依赖专业的传媒从业者进行内容采集与分发，记者和

编辑仍然是内容领域的主宰；继而随着社交媒体的兴起，网络传媒领域的内容格局发生了重大的改变——UGC（User Generated Content：用户生产内容）取代专业的媒介生产内容，成为互联网上主要的内容来源，而社交关系则成为内容分发中的核心要素；随着大数据时代的到来，人工智能技术开始成为网络媒体处理内容的新方式，"机器聚合、算法分发"模式可以对用户的兴趣进行分析，优化信息体验，提高传受效率。[①]

1. 门户媒体的"人工采编、编辑分发"模式

1）人工采编的内容整合模式

2000 年左右，门户媒体的时代到来。在内容整合方面，这类门户媒体采用的是"人工采编"的模式。一部分内容是由专门的新闻工作者采写；另一部分内容则是由后台编辑对网络上其他媒体生产的内容依据一定的编辑方针进行筛选、分类。当时新浪、搜狐、网易、腾讯这些门户媒体以低价获得很多媒体的版权，把内容进行重新编排，人们打破地域的限制，可以看到多份报纸。

这里我们要注意的是，无论是记者自主采写还是编辑挑选网络上的内容，门户媒体的内容聚合模式中一以贯之的都是传播者的意志，"把关人"的角色始终很鲜明——记者在确定选题、编辑在挑选内容时必然有一定的价值观依据。这种价值观可能包含新闻价值的各个判定因素（时效性、真实性、权威性、相关性等）。这种人工采编的内容整合方式与传统媒体的编辑方式并无本质区别，用户依然是被动接收讯息的"受众"。

2）编辑分发模式

在对内容的分发上，首先出现在网络传媒领域的也是以"人"为中心的编辑分发模式，目前我国大多数新闻资讯平台仍然还在采用这种模式。这类网络媒体的栏目设置、更新频度、内容审核标准都由专业人员统一提前设定，具体要发布哪些内容、在什么时间点推送，都由专门的编辑确定。在这种模式下，信息的重要性、显著性都由编辑把关，并统一设定排序，因此所有用户接触到的内容都是相同的，呈现方式整齐划一，千人一面。

2. 社交媒体的"用户生产，社交分发"模式

随着互联网的普及，越来越多的人成为网络媒体的稳定用户，传统的人际关系随之也被迁移到网络。传统媒体时代，人们看重的媒体要素主要是内容与形式，互联网时代到来后，社交成为媒体的核心要素和内容生产的动力。[②]

随着社交媒体影响力的不断扩大，其以 UGC 为主的内容整合模式和以"社交"为核心的内容分发模式成为主流。2010 年 Facebook 主页访问量超过 Google，可以看作是"社交分发"在全球成为主流的里程碑。[③]在我国，这一转折应当以微博、微信的火爆为标志。

1）以 UGC 为主的内容整合模式

社交网络时代催生了大量的自媒体，生产的内容大爆发

---

①贾媛媛. 移动媒体内容整合、分发模式研究[D]. 河南大学，2017.

②彭兰. 场景：移动时代媒体的新要素[J]. 新闻记者. 2015（03）：20-27.

③ DancerPeng. "朋友圈"的这些小动作，正在为微信公众号的红利期续命[EB/OL]. [2016-02-26]. https://www.huxiu.com/article/140140.html.

如果说网络的出现打破了传统传播关系中的传、受界限，那么社交媒体的风靡则是真正将用户从幕后推至前台。传统的传播活动中，个人面向公众的传播是受限于渠道的，出版书籍或是开办专栏都只是握在少数人手中的权利；新媒体时代，微信、微博等社交媒体的存在使每个人都能轻易地向公众传播讯息，人人拥有"麦克风"，人人都是"公民记者"。无论传媒业有多么发达，专业记者的采写能力都是有限的，而大众的力量却是无限大的。当普通大众都被社交媒介"赋权"，互联网上的内容真正实现了疯狂的增长。在社交媒体上，用户随时随地发布的内容构成了整个信息场中的主体部分。

　　2）以社交为核心的内容分发模式

　　当你在微博上关注了若干仰慕已久的名人、网红、专业大牛，又与熟知的一些朋友互相添加了关注，未来一段时间你在微博上所能浏览到的信息的维度便已被划定。当你打开微信的"朋友圈"随手刷新，你看到的内容也都无外乎是微信好友的所见所闻、所思所想。在社交媒体的内容分发模式下，人际关系网络对海量的信息起到了过滤与选择的功能，人们所能接触到的媒介资源由自身的社交范围及属性决定，即"圈子决定视野"。

　　以社交为核心的内容分发模式对传播的改变是颠覆式的，因为在这种分发机制下，大众传播首次实现了"千人千面"，用户们不再被动地接收统一的讯息，而是通过自己的圈子拥有了独一无二的信息体验。没有任何两个人的"朋友圈"或"微博首页"是重复的，因为没有任何两个人会拥有完全相同的社交结构。

　　一方面，人们社交的广度决定了所能接触的内容的丰富程度。无论在哪种社交平台上，信息都是由社交的对象来提供，朋友少，内容就少；朋友多，内容就多。即使是微信的订阅号，事实上也是可以归纳为社交关系的一个种类，只不过这种关系由内容引发，进而在订阅号的运营者和用户之间反向建立了一种陌生人的社交关系。

　　另一方面，内容的价值由社交互动来评定。以微博为例：一条微博如果能被大量的用户转发至自己的主页，自然就会被更多人看到。如果还能引来大量的点赞和评论，微博内部的评价机制就会将此条内容认定为"热点"，将其展示在"热门微博"中，甚至可以上榜单或是由微博官方向所有用户发布弹窗消息。在互动中，一条微博的内容经历着病毒式的裂变传播，能引起互动的内容就可以被一传十、十传百，而那些自说自话的内容就只能默默地沉寂下去，无人关注。同理，微信中的"10W+"爆款文章也是社交互动为内容增值的产物。

　　在一段时间内，社交媒体的"用户生产，社交分发"内容整理模式确实解决了信息过载的问题，用社交关系将内容有效地聚合再分流。但随着社交媒体的大范围普及，用户的网络社交关系也经历了疯长的过程，基于社交网络的内容创业遍地开花，人们发现社交平台的上的信息开始变得重复、单调而劣质。

　　3. "机器聚合，算法分发"模式

　　"大数据"时代的来临，一切媒体的运营活动归根结底就是如何有效地处理巨量的"数据"。一边是无边无际的信息汪洋，一边是人们越来越高层次的内容需求，当人工与社交都无法实现对内容的有效整合与分发时，人工智能的"机器聚合，算法分发"模式为网络媒体带来了新的希望。以今日头条为代表的媒体，通过机器抓取、算法推荐，从用户的兴趣出发，可以为用户提供个性化的内容。

1）机器聚合的内容整合模式，内容生产能力极度放大

机器聚合的内容整合模式可谓是"大数据思维"和"互联网思维"的产物。在聚合类新闻客户端的界面上，用户可以看到不同来源的内容：既有传统媒体的专业生产流程下产出的资讯，也有自媒体创作的各种垂直领域的内容和普通大众随意发布到网络媒体上的点滴记录，还有机器人"写"的新闻。聚合类媒体的内容除了靠"爬虫"技术在整个互联网上进行抓取，从而将丰富的资源汇集到自身的内容库中。不少聚合类媒体都在着力布局自身的原创内容生产，以发放补贴的方式吸引创作者进驻平台，创作优质内容。

2）以"算法"为核心的内容分发模式，实现精准推荐

"算法（Algorithm）"是计算机领域的一个专业概念，指的是利用编程技术解决信息如何实现精准分发问题的一种机制。通俗来讲，就是通过某种技术使受众便捷地获得自己恰好想了解的内容，达成个性化推荐的目的。如今，算法主导的集合类媒体平台俘获了大批的用户，成为了继门户媒体、设计媒体之后的又一代网络媒体。

一方面，"算法分发"从用户的兴趣出发，明确用户的内容需求。采用"算法分发"模式的媒体会在后台收集所有用户的身份特性、使用行为等数据，根据用户的自身特征（年龄、地理位置、职业等）、浏览信息的类别、停留时长、阅读频率等来确定用户的兴趣所在。并且基于人工智能的"算法"技术还具有学习的能力，能够对用户的使用行为进行持续的跟踪，从而适时调整识别结果，使兴趣鉴别更加准确。

另一方面，"算法分发"对海量内容进行细分领域的精确筛选，根据平台的既定标准对其信息质量进行判断，其衡量因素包括关键词、热度、时效性、转载率、原创度等各个维度。并且推荐模式一般是分批次推荐，即第一批推荐给与内容最匹配的用户，这批人的阅读数据（点击率、阅读完成度、收藏率、转发率、评论率等）将影响第二批推送的权重。

在这种双重的识别判定机制下，用户的内容需求与恰当的内容可以实现精准的对应，即使再小众的用户也可以找到自己喜欢的内容。

【思考与练习】

1. 请列举出你使用过的网络社区，并说明它属于社区发展的哪个阶段。
2. 相对于贴吧和微博，微信朋友圈有何特点？

5.2 论坛/BBS

在上一节内容中，我们学习了网络社区的发展历程。网络论坛/BBS可谓网络社区的先驱，并盛极一时。论坛所创造的内容生产与传播模式，为后来的社交媒体奠定了基础。

论坛推广一直是网络推广的一个组成部分，而且在论坛上的用户一般都是深度用户，更

有开发的价值。因此，掌握论坛推广的相关知识与技能，是网络编辑了解社交媒体的切入口和基础。

5.2.1 网络论坛的分类

网络论坛有多种分类方式，常见的分类方式如下：

1. 按涉及的内容分类

综合类论坛。此类论坛涉及内容广泛、版块丰富，如天涯社区（http://www.tianya.cn/）、百度贴吧（http://tieba.baidu.com/）、猫扑（http://www.mop.com/）等。

行业类论坛。以相同行业及爱好为主题的论坛，访问论坛的人很多都是相关领域的专业人员或者是对这方面内容感兴趣的网民。如图 5-3 所示，峰鸟网论坛（http://bbs.fengniao.com/forum/）的各版块都与摄影主题相关。

图 5-3 蜂鸟论坛版块

商务类论坛。很多电子商务网站都设有相应的论坛，给商友提供一个网上交流的平台，如阿里巴巴商业论坛、淘宝论坛（http://bbs.taobao.com/）等。

政务类论坛。政府因工作需要而开设的论坛。有的政府为了拓展了与人民群众的联系渠道，构建良性的政民互动机制，也设有论坛，如阜阳政务论坛、中国杭州政务论坛等。

2. 按论坛的维系点分类

以传统关系维系的论坛。此类论坛是以现实生活中已存在关系为纽带的。如以网民所属的单位维系的论坛，常见的是高校的 BBS，如清华大学的水木清华（http://www.newsmth.net/）、广东工业大学的工大后院（http://www.gdutbbs.com/）等。如图 5-4 所示为四川大学锦城学院贴吧截图。还有以网民所属的地域维系的论坛，如成都的第四城社区（http://www.4c.cn）、厦门小鱼社区（http://bbs.xmfish.com/）等。此外，还有以人物维系的论坛，如明星的粉丝论坛等。

以思想交流或兴趣爱好维系的论坛。此类论坛以思想与观点的交流为目标，如人民网的强国论坛（http://bbs1.people.com.cn/），主要讨论政治、经济、军事和外交等有关国家兴盛的话题；驴友论坛（http://bbs.8264.com/），为爱好自助旅游和户外旅游者提供交流平台。

以产品维系的论坛。此类论坛是网络用户对于某类产品或某个品牌的产品感兴趣而形成的论坛，如苹果之家（http://www.applejia.com/）是汇聚苹果系列产品 Apple iphone、ipad、ipod 的交流社区。

3. 根据论坛的管理方式分类

有限制式论坛。此类论坛要求发言者必须是注册用户。某些论坛用户注册还需通过管理人员的审核。

半限制式论坛。此类论坛既提供用户注册功能，也允许非注册会员发言，但没有注册的用户名统称为"过客"。

无限制式论坛。此类论坛允许随意发言，发言者可以随意为自己确定一个代号或匿名发言。

图 5-4　四川大学锦城学院贴吧

5.2.2　论坛推广的方式

所谓论坛推广，指的是以论坛、社区、贴吧等网络交流平台为渠道，以提供品牌口碑为目的，通过发布帖子的方式进行推广的活动。

因为论坛的历史悠久，所以论坛推广也是互联网上出现比较早的一种推广手段，也是目前普及率比较高的一种方法。一般来说，论坛推广常见的有三种方式：

1. 新手：群发广告

论坛推广的首要目的是提高品牌的曝光率，也就是尽量能在各大相关论坛都有主题帖。然而论坛发帖是个"力气活"，于是很多新手选择了 BBS 群发软件来代替手动群发广告。但是很快他们就发现了群发器的弊端：群发软件无法识别论坛类型和版块主题，寻找的目标论坛不精准。而且由于论坛管理者对广告的反感，经常导致账号被封、帖子被删。

论坛推广在于质，不在于量。如果群发的数量只是多而没有效果，那也只是做了无用功而已。

2. 老手：手动发软文

意识到群发器的弊端后，论坛推广的老手开始改为人工操作，有选择性地去发帖，并且精心设计"软文广告"。

所谓软文广告，是相对于硬性广告而言，精妙之处就在于它将宣传内容和文章内容完美结合在一起，让用户在阅读文章时候能够了解策划人所要宣传的东西。一篇好的软文是双向的，让客户既得到了他需要的内容，也了解了所宣传的内容。

3. 高手：边发软文边互动

虽然将硬性广告换成软文能大大降低被删帖的概率，但如果发完软文就不管了，不注重与网友的互动，那也很难收到预期的效果。网络编辑应切记：论坛推广的本质是互动，而不是一个人的自言自语！

【案例】安琪酵母——一个馒头引发的婆媳大战

我是一个南方女孩，在这个饮食文化大融合的时代，我做菜的手艺真是没得说：酸菜鱼、红烧肉、辣子鸡丁……老公的心和胃都被我紧紧拴着。但唯一的遗憾就是我一直不会蒸馒头。作为地道的北方人，老公爱吃馒头的习惯一直保留着，每次在外边看到店铺刚出锅的热馒头，他总忍不住上前买两个，忙不迭地掰下一块送入嘴中，大嚼特嚼，一边嚼一边品，品这馒头散发出的麦香。只是每次吃完了他都会说，他妈妈蒸的馒头味道远远不止于此，比这香甜得多。

婆婆要来北京看他儿子了，这可是我们结婚后第一次检阅啊，想到天涯上传说的婆媳大战，我的心情不是一般紧张。最后想了想决定实施馒头攻略，我要让婆婆知道，即使她不在，老公也能吃到香喷喷的家蒸馒头！恩，说干就干。婆婆周日中午到北京，我一大早便出去买来面粉、泡打粉，按照从网上查来的方法，做得有模有样。真真没有想到，就是这次蒸的馒头，引发了一场"婆媳大战"！那天的馒头真是不争气，皮硬硬的，颜色发黄，口感也远不如外边买的。可是转眼到了中午，老公把婆婆接进家门，我来不及重做，硬着头皮把馒头端上了饭桌，虽然炒了一桌子好菜，花样繁多，还是难以掩盖那刺眼的黄馒头，我明显看见婆婆的脸长长地拉了下来。饭桌上，婆婆一直给老公夹菜，漫不经心地问我"这馒头是拿什么发酵的？"听到我说泡打粉后，婆婆腾地站起来，端起一盘子馒头都倒在了垃圾桶，还说泡打粉是含铝的，做这样的馒头是想害人呢？那顿饭我是含着眼泪吃完的，心里想，自己的妈妈绝对不会这样。后来的一段日子我都不愿意跟婆婆多说话，我们每天都在冷战中，直到婆婆临走的前两天，我看着她做了一次馒头。

婆婆手脚麻利地和面、揉剂、制形，每一步都是那样从容不迫、娴熟自如。我嘴上不说什么，心里却十分佩服。婆婆那天对我格外亲切，一边忙，一边温柔地跟我说起她的"馒头经"，如怎样掌握面的软硬，怎样揉才能使面更筋道，怎样切馒头的形状才漂亮等等。让我印象深刻的是婆婆拿出一个小袋，告诉我做好馒头的秘诀就是这小小的"酵母"。在放酵母的时候，婆婆面带微笑、滔滔不绝地说起来，婆婆的妈妈以及婆婆年轻的时候是用老面或者泡打粉发面，还要放碱，每次掌握不好量，做出来的馒头黄黄酸酸的，还黏牙，而且泡打粉含铝，吃多了有害。终于后来有了高活性干酵母，发酵又快又方便，做出来的馒头甜甜软软的，有一股特殊的奶香味，老公一家人爱吃极了。婆婆说："小宝小时候，我们的日子过得太清苦，可供孩子吃的东西不多，如果馒头再不蒸得好吃，那就太委屈他们了。"听了这话，我的心就像打翻了五味瓶，虽然温暖，但却心酸，对婆婆的抱怨也烟消云散，从心底理解了婆婆那天看到黄馒头的反应。

吃婆婆蒸的馒头真是一种享受，那馒头的形状又大又圆，似仙桃，那味道更诱人，在浓浓的麦香中夹杂着一股淡淡的甜味，令人回味悠远。

品着婆婆蒸的馒头，想着婆婆说的话，我下决心一定要蒸好这小小的馒头。婆婆说，蒸好馒头的关键在酵母，于是我打开百度搜索"酵母"，看看这不起眼的酵母到底有什么神奇。这一搜不要紧，这小小的酵母还真蕴藏着大大的神奇。

在4000多年前，修建金字塔的古埃及人做面包，古代中国人酿酒，都是酵母在发挥作用，只是那时人们并不知道是什么东西如此神奇。17世纪，列文虎克通过显微镜发现了酵母，它的神奇之秘才被逐渐解开。如今，人类的智慧使小小酵母的价值发挥得淋漓尽致。首先，除了做馒头等主食，酵母还是一位杰出的面包师，它使面包松软可口，而且提高了营养价值；其次，酵母是卓越的酿酒大师，美味的葡萄酒、威士忌和中国白酒都是在酵母的作用下才酿造出的；再有，从酵母中汲取的精华——酵母抽提物，被广泛运用于食品和调味品领域，不仅增强食品的醇厚感，而且相比于味精、鸡精等调味品，它更加健康营养；不仅如此，酵母更是神奇的营养魔术师，它本身富含优质蛋白、氨基酸和维生素，是天然均衡的营养源，美国医学博士、营养学家亨利·比勒曾经在他的著作《食物是最好的医药》一书中将酵母列为最好的医药，是天然的解毒剂，鼓励人们在日常饮食中多食用酵母。除了以上酵母的各种用途，它还被广泛运用于养殖业，能增强动物机体的免疫功能，提高动物产品的品质，间接促进了人类的食品安全和营养健康。

我惊讶于这小小的酵母竟蕴含了如此大的能量，更惭愧于到今天才发现它的重要价值，它真是我们身边不可忽视的健康小伙伴，难怪婆婆对它赞不绝口。

后来婆婆放心地走了，一场由馒头引发的婆媳战争，也是因为馒头而平息了，因为我也蒸出了同样可口的馒头。我蒸的馒头把天然、营养、健康以及深深的爱都揉在了里面。后来，每次老公吃着我蒸出来的馒头都会不住地点头。我知道他在心底感谢我，是我给他带来了追忆，追忆深深的母爱、青涩的童年，裹在淡淡的麦香之间……①

安琪酵母股份有限公司是国内著名的酵母生产企业。酵母，在人们的常识中是蒸馒头和做面包用的必需品，很少直接食用。而安琪酵母公司却开发出酵母的很多保健功能，并生产出可以直接食用的酵母粉。要推广酵母粉这种人们完全陌生的食品，安琪公司首先选择了论坛推广。2008年6月，随着婆媳关系的影视剧的热播，婆媳关系的关注度也在瞬间提高。因此，公司策划了"一个馒头引发的婆媳大战"事件，讲述了南方的媳妇和北方的婆婆关于馒头的争执。

为了让帖子引起更多关注，安琪公司选择在天涯、新浪、搜狐、TOM等有影响力的社区论坛里制造话题，并利用它们的公信力把帖子推到较好的位置上。果然，有了好的论坛和好的位置，帖子贴出来后，引发了不少网友讨论。然后安琪公司安排论坛推广人员对话题进行了有效的引导，让大家知道了酵母不仅能蒸馒头，还可以直接食用，并有很多的保健美容功能，让更多的人认识了安琪酵母公司的产品。在接下来的两个月时间里，安琪酵母公司的电话量陡增。网络上关于"安琪即食酵母粉""安琪酵母粉"等相关搜索也大幅度提高，安琪酵母获得了较高的品牌知名度和关注度。

通过安琪酵母在网上推广的案例，我们可以得出一个结论：论坛营销真正的价值在于互动，真正好的网络传播一定是网友自动顶帖或者转帖率高的传播。那些发一个帖子，找无数ID自己顶帖和转帖的做法其实效果并不好，原因就是普通网民的参与度差，广告的达到率也低很多。

5.2.3 【实践任务】论坛推广

前面介绍了很多关于论坛推广的知识，接下来为大家介绍论坛推广的具体操作步骤。

1. 了解产品和用户

做任何推广活动之前，我们都不能是盲目的。首先我们要明确我们具体推广的产品是什么，我们产品的优势在哪里，产品的用户是哪类人群。

2. 寻找目标论坛

根据产品特点和用户人群，开始寻找目标论坛。目标论坛并不一定越大越好、越多越好，关键是用户群要集中和精准。其次，要了解论坛内各版块的主题特色和差异，明确我们的信息发到哪个版块最合适。

3. 注册账号，混个"脸"熟

要在论坛发帖，首先要注册账号。注册账号时应注意：

---

① 天涯论坛. http://bbs.tianya.cn/post-96-561247-1.shtml.

账号用中文，最好简单易记、富有特色、具有亲和力。

及时完善个人资料，个人资料越丰富真实，越容易让大家对你产生信任感。

头像要正规、稳重，能用真人照片最佳。

可以注册多个账号，必要时需要"马甲"集团作战。

积极参加回复，跟版主和其他网友混个"脸熟"。

4. 找准卖点、制造话题

帖子内容切入点一定要在产品特点和用户需求中寻找平衡。你可以先把产品的所有优势、特色列出来，然后再把目标用户的需求、期望列出来，看看这些特点是否能满足用户的需求。

例如方便面作为一种快速消费品，人们喜欢它的方便，但是又担心它的不健康。五谷道场方便面推出"非油炸，更健康"的新理念，独特的卖点赢得了市场的青睐。

同时论坛话题一定要足够吸引眼球，具体写作时可以结合娱乐新闻、社会热点事件；制造话题，引发争议；分享互助，产生情感共鸣等。

5. 数据监控

论坛推广一定要随时关注论坛的数据，如：

（1）点击量。帖子的点击量代表有多少人观看，如果点击量过低，应考虑是否标题不够吸引人，或论坛本身人气不够。

（2）回复量。帖子的回复量代表主贴内容的水准，如果回复量过低，应考虑是否卖点不够、话题不够有争议性或者发的论坛或版块不对。

（3）回帖的内容。应注意网友讨论的内容是否是你预期的方向，如果不是，要正确地引导网友的回帖，让事件朝你想要的方向发展。必要的时候，利用"马甲"自行制造话题。

6. 利用其他资源辅助推广

除了发帖外，还可以充分利用论坛的其他资源进行辅助推广，比如在个性签名中植入广告，通过论坛内置的站内短信功能给用户发产品信息，与网友互动聊天时推荐产品等。

【思考与练习】

1. 试分析论坛推广的常见方法。

2. 请简述论坛推广的步骤。

3. 寻找网站排名前十的论坛，选择自己感兴趣的版块，尝试发表一篇让管理员加精、置顶的软文。

4. 选择一个产品到目标论坛策划实施一个小型推广活动，要求回帖数不低于 50，参与用户不少于20。

5.3 博客/个人空间

2006 年 2 月，中央电视台首次在全国"两会"专题报道中采用博客发布信息并与观众互动，"两会"博客作为一种官方认可的方式被纳入传播载体，这对博客应用的推广具有重要影响。此后各大网络媒体纷纷效仿。

2006 年 2 月 13 日，知名影星徐静蕾的博客点击量冲破千万大关。新浪名人博客红火后，搜狐、腾讯等网站也开始纷抢名人。而名人明星们也乐此不疲，成为这种新媒体最早的一批受益者。

5.3.1 博客的分类

博客（Blog 或 Weblog），它的正式名称为网络日志，又音译为"部落格"等。它是一种通常由个人管理、不定期发表文章的网站。博客上的文章通常根据发表时间，以倒序方式由新到旧排列。一些博客专注在特定的领域内发表评论或新闻，一些则被作为个人的日记。能够让读者以互动的方式留下意见，是博客的重要因素。博客是社会媒体网络的一部分。比较著名的博客有新浪博客（http://blog.sina.com.cn/）、搜狐博客（http://blog.sohu.com/）、QQ 空间（http://qzone.qq.com/）等。

由于博客一词的含义广泛而又复杂，因而很难对博客进行单一的分类。站在不同的角度，基于不同的标准，博客的类别是多样化的。

1. 按照博客存在的方式分

（1）托管博客：无须自己注册域名、租用空间和编制网页，只要去博客运营服务商提供的网站上免费注册申请即可拥有自己的博客空间。博客运营服务商有博客网（http://www.bokee.com/）、中国博客网（http://www.blogcn.com/）等。如图 5-5 所示为中国博客网首页。

（2）独立博客：自建独立网站的博客，有自己的域名、空间和页面风格。这需要具备一定的技术条件才能实现，如会网页制作、懂得网络知识等。

（3）附属博客：博客隶属于某网站的一部分（如一个栏目、一个频道），如新浪博客（http://blog.sina.com.cn/）、QQ 空间（http://qzone.qq.com/）等。

2. 按照博客的主体分

（1）个人博客：以个人名义注册的博客，一般主要记录个人生活或言论。明星也常通过博客发布自己最近的状况，以达到宣传自己或作品的目的。

（2）企业家博客：以企业的老板或行业的领袖名义注册的博客，通过打造企业家形象继而扩大企业的品牌影响力。

图 5-5　中国博客网首页

（3）企业官方博客：以企业的名义注册的官方博客，通过与用户互动、帮助用户，拉近用户与企业的距离。如图 5-6 所示为四川大学锦城学院新浪官方博客。

图 5-6　四川大学锦城学院的官方博客

3. 按照内容分

（1）日记类博客：主要记录个人的生活、情感、思考和言论。

（2）知识性博客：专注于某一特定领域（如体育、文化、IT、财经等），进行知识的积累和文化的传播。如图 5-7 所示为科幻星系的 IT 知识类博客。

（3）新闻类博客：原发或转载各类时效性强的新闻。

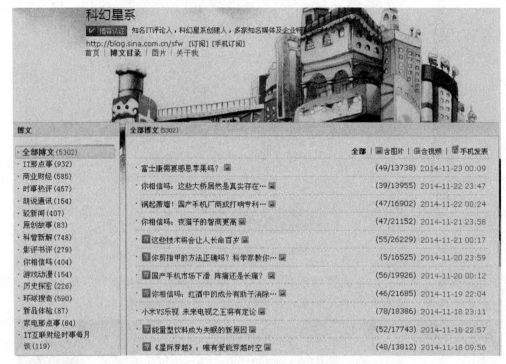

图 5-7　某传播 IT 科技知识的博客

5.3.2　博客的功能

博客的功能可归结为四大核心：个人思想的自由表达、引导社会舆论、与传统媒体相互补充、产品营销与推广。

1. 个人思想的自由表达

个人思想的自由表达是博客最基本的功能，也是博客诞生的原始初衷。在 Web 1.0 时代，个人的思想表达一直处于被动地位，而有了博客后，网民在互联网拥有了话语的主动权，从过去被动依赖传统媒体转向自主发布信息。博客空间是一个开放型的场所，只要不违反国家的现行法律，任何话题、言论都可以在博客上自由表达。

2. 引导社会舆论

博客是个人观点的表达，随着草根博客力量的凸显，博客渐渐成为网民的"意见领袖"，引导着网民的舆论方向。如 2009 年影响巨大的"钓鱼执法"事件，就是由韩寒在其博客上转发曝光进而引起人们关注的。

3. 与传统媒体相互补充

在新闻事件发生的时候，博主能提供来自现场的、一手的照片与录像记载，这些信息只有经过传统媒体的"放大"传播，才会扩散得更快。另外，专业记者在传统媒体上报道的内容，往往只是其在采访中获得信息总量的一小部分，而博客则为他们提供了发布更多信息的平台。所以，博客与传统媒体之间形成一种相互补充、相互渗透的关系。

4. 产品营销与推广

博客庞大的用户群和高黏度以及博客内容传播的广度、深度，都蕴藏着巨大的商业价值。通过博客/个人空间发布博文，宣传企业或产品，具有用户精准、成本低廉、可信度高等优点。

5.3.3 【实践任务】博客运营

要运营好一个博客，使其成为一个"名博"，关键是以质取胜。接下来介绍一下做博客运营时的几个要点。

1. 良好的博客昵称

博客的昵称其实就是一个博客网页的 Title，也是一个博客的定位，因此它的设置对博客是至关重要的。一般都是围绕企业所在领域或产品命名。

2. 容易被记住的 url

博客的 url 可以自定义。可以用自己博客昵称的简写作为 url，这样当别人记住你的博客昵称时，可能就顺势记住了你的 url。如表 5-1 所示四个新浪名博的 url，比较 url（1）和 url（2），明显后者更好记。

表 5-1　四个新浪名博的 url

博主	博客名	url（1）	url（2）
徐静蕾	老徐	http://blog.sina.com.cn/u/1190363061	http://blog.sina.com.cn/xujinglei
韩寒	韩寒	http://blog.sina.com.cn/u/1191258123	http://blog.sina.com.cn/twocold
YOYO 食色空间	YOYO 食色空间	http://blog.sina.com.cn/u/1220824437	http://blog.sina.com.cn/yoyolove
潘石屹	潘石屹的 BLOG	http://blog.sina.com.cn/u/1182391231	http://blog.sina.com.cn/panshiyi

3. 容易赢得用户认可的内容

无论是做什么网站，内容都是最重要的。没有好的内容来吸引客户，即使网站做得再漂亮也没人来光顾。博客同样是这样。

博客中的内容不要一味地转载，应以原创为主。博文的主题应该是分享，重在帮助用户解决问题或让用户学到知识。

4. 恰当的更新频率

博客的核心是内容，所以想打造一个优质博客，首先要保证内容的更新速度，最好一周至少发布一篇以上的原创博文。

5. 良好的互动

博客一定要多与用户互动才能起到应有的作用，如尽量回复每一条评论；针对评论中提出的问题或困难，尽量给予帮助和解答；面对负面评论，切记不要盲目冲动，说过激的言语，要冷静对待、妥善处理。

【案例】王小丫两会博客引发主持人博客热①

2006年2月26日，在充满才子佳人个人情调的博客世界，一个叫"小丫跑两会"的博客横空出世。王小丫在当天的博客中写道："欢迎您时常来这里做客，把您对2006全国两会的期望通过留言、评论告诉我，我会把其中一些意见带给参加两会的代表和委员，或者通过我们的节目传递给更多的人。"在之后的18天时间里，这个个人工作博客以日均10万的点击速度直线飙升，并一路飘红，热度盖过了曾经风光一时的明星博客。3月6日晚冲上了新浪博客周人气排行榜榜眼的位置。到两会结束时仅新浪网站就达到了1309871点击率，如果累加搜狐网站的点击率1068275，"小丫跑两会"博客访问量就高达230万。

在"两会"期间，王小丫的"两会"博客成了一道别致的风景线。每天结束了"两会"的采访，王小丫都会在网上图文并茂地向大家诉说自己在采访中所感所想，以及一些幕后趣闻。很多以往并不关心时政新闻的年轻人也参与到了"两会"话题的讨论中，而很多身居国外的人士在博客留言中表示：通过小丫博客，能更多地了解到今年两会的内容。超高的人气和热烈的讨论，让读者在这个春天中感受到了一种新鲜的气息。在"两会"期间，利用网络平台和博客的方式增强民众参政议政的热情，确实是一件新鲜事。

"小丫跑两会"是中央电视台经济频道在每年的两会期间推出的一个品牌节目，到今年已经有六个年头了。因其关注民生的特色，在老百姓当中已经有了较大的影响力和较好的口碑。往年王小丫主要是通过"小丫信箱"和观众联系，单方面地听取观众和网友的声音。而今年在她的"两会"博客上，王小丫则可以和网友们实现双方面的、更直接的交流，甚至可以针对某个留言直接对话。如图5-8所示为"小丫跑两会"博客截图。

"小丫跑两会"博客的推出，也引发了业界的热情关注，许多媒体就此进行了报道和评价。

在"小丫跑两会"博客开通的一个星期后，中央电视台参与两会报道的主持人几乎都开设了以个人命名的博客，如"柴静两会观察""伟鸿看两会""马斌读两会""小崔会客""小撒探会"等。《人民网》以"王小丫两会博客引发主持人博客热"为标题做了报道，文中这样写到："把个人博客开成工作网站，王小丫算是开了个头，由于小丫的带动，众多'跑两会'的主持人也纷纷开启了工作博客。"《中国青年报》以"两会记者说两会，网络民意直达代表委员"为题做了报道，行文这样描述小丫博客："在会议期间热得发烫，点击率居高不下。"

---

① 闫琼. 评论：王小丫开博的启示[J].对外大传播，2007，2.

《瞭望》以"网上议政催生民意生产力"为题对小丫跑两会博客进行了评价。中央电视台《新闻联播》于 3 月 6 日晚关于博客采访了王小丫，这是央视从未有过的。

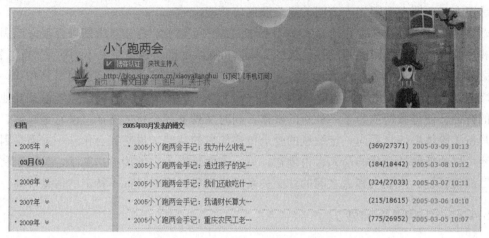

图 5-8　小丫跑两会 2005 年博文目录

【思考与练习】

1. 请简述博客推广的要点。
2. 建立一个自己的品牌博客，建立三个分类栏目，并且每个栏目至少发布 1 篇以上原创文章。
3. 选择一个适合自己的推广策略，保证一个月点击率超过 1000。

5.4　微　博

最早也是最著名的微博是美国的 Twitter（非官方中文译名为"推特"）。Twitter 是一个可让用户播报短消息给其"followers（关注人）"的在线服务。用户也可指定其想关注的 Twitter 用户，这样便可以在一个页面上读取他们发布的信息。

2009 年 8 月，新浪微博开始内测，微博正式进入中文上网主流人群的视野。截至 2014 年 6 月，我国微博用户规模为 2.75 亿，网民使用率为 43.6%。

5.4.1　微博简介

微博，是微型博客（MicroBlog）的简称，即一句话博客，是一种通过关注机制分享简短实时信息的广播式的社交网络平台。用户可以通过 Web、WAP 等各种客户端组建个人社区，以不超过 140 字（包括标点符号）的文字更新信息，并实现即时分享。用户既可以作为观众，在微博上浏览其感兴趣的信息；也可以作为发布者，在微博上发布内容供别人浏览。目前主流中文微博平台有新浪微博（http://weibo.com/）、搜狐微博（http://t.sohu.com/）、腾讯微博（http://t.qq.com/）等。

概括地说，微博是一个高度社会化的传播平台，它集中了我们熟悉的三种沟通方式——

电子邮件、即时通信工具和媒体的优点，又分别赋予它们社会化的特征。

微博是"收件箱"。作为一种社交和通信工具，微博起到了传统电子邮件服务所起到的作用，承担人们和朋友、陌生人之间的联络和通信功能。

微博是一种"即时通信工具"。微博具备非常好的实时性，这使得微博可以很好地满足关注者和被关注者之间随时随地交换信息的需求。和传统的即时通信工具不同的是，除"私信"外，微博上的大部分发布，包括转发和评论，往往也同时向其他关注者和网友公开。

微博是一种"社会化的媒体"。微博上除"私信"外的所有发布都向关注者以及其他网友公开的特征，使得微博成为了一种新的媒体，同时又具备社会化的特征。说它是媒体，是因为它具备了媒体由信息源向一定数量的受众传递信息的特性。说它社会化，一方面是因为它的内容可以由任何社会化的个人自由创建；另一方面是因为它的传播是基于"关注"和"被关注"的信任链，依赖人和人之间的社交关系网络完成，而非目标不特定的信息传播。

5.4.2 微博的传播效力

【案例】微博打拐潮

一条看似偶然的微博，最终却掀起了一场前所未有的风暴。这场风暴，就是微博打拐。

2011 年 1 月 17 日，新浪微博名人于建嵘教授发了一条寻找一名叫杨伟鑫的孩子的微博，如图 5-9 所示。出人意料的是，这条非热点话题也没有时效性的微博被转发近万次，评论数超过两千，对于当时的新浪微博而言，这是一个惊人的数字。

1 月 25 日晚，于建嵘在微博上开通了"随手拍照解救乞讨儿童"官方账号，表示"希望大家见到乞讨儿童就拍照或录像"，写清楚时间、省市、街道等详细信息，发自己的微博并@随手拍照解救乞讨儿童。

"过年了，宝贝回家吧！"这是拥有上千万粉丝的微博女王姚晨 1 月 19 日在微博中发出的评论。姚晨的转发，再次掀起了高潮。

2 月 5 日，郑渊洁在微博发表言论："中国法律不禁止乞讨，但禁止儿童乞讨。《中华人民共和国刑法》第 262 条设有'组织残疾人、儿童乞讨罪'，该罪名最高判 7 年并处罚金。在中国乞讨不犯法，但是组织 14 岁以下儿童乞讨犯法。见到儿童乞讨，请立即掏出手机拨打 110 报警。对于刑事犯罪报警，警察必须出警并制止犯罪。如不出警，请投诉警察。"

……

图 5-9 微博名人转发寻找被拐儿童的微博

事情的发展速度出乎所有人的意料，难以计数的人参与了进去。来自民众的力量推动了官方的打拐行动，一些城市的公安部门也参与到网上行动中来。公安部打拐办主任陈士渠说："大家携手努力，织就反拐天罗地网。欢迎检举拐卖犯罪，提供线索。您的一次检举，虽只是举手之劳，就可能会让被拐的妇女儿童得到解救，让人贩子落入法网。"

5.4.3 【实践任务】微博运营

微博运营的操作方法并不复杂，概括起来就是"定位—粉丝—内容—互动"四步骤。首先，找好定位，根据需要开设不同微博；其次，吸收人气，即拥有足够多的粉丝；再次，更新内容，即积极发表微博，为用户提供有价值、有趣的信息；最后，互动，即回应微博上的正面或负面反应。

1. 找好定位

刚开设微博账号后，不要急着发微博。磨刀不误砍柴工，只有做好充分准备，你的微博之路才能更顺畅。要找到自己微博的准确定位，首先回答下面两个问题：

（1）为谁写微博？是为亲友写，为自己写，还是为某个特定人群（如驴友、大学生等）写？

（2）写微博主要为了什么？是为了记录自己的生活，为了分享思想、经验，还是为了为了展示自己、影响别人？

回答了这两个问题，你就会知道自己该写什么样的微博了。比如说，如果是写给驴友，就可以发布一些有用的旅游信息或自己旅游的趣事、美图等；如果只是为记录自己的生活，就可以随意些；如果想分享思想、展示自己、影响他人，就一定要学习写作和吸引粉丝的技巧。

同时，也最好花足时间分析那些人气最旺的微博主，看他们的微博为什么吸引人。特别是要去分析那些和自己定位相近的微博，学习别人的成功经验。例如，你如果想写旅游景点推介类的微博分享给朋友，那不妨先看看那些最有人气的旅游类微博。

2. 吸引粉丝

刚开通微博时，粉丝数量都是从零开始的。那么该如何快速吸引第一批粉丝呢？

首先，作为一个"零粉丝"用户，主动去关注别人是一个很直接的方法。那么，如何寻找最合适的人来关注呢？

1）找与你最相似的人

因为只有爱好相似、特点相近的人，才会有相同的话题，才会互相关注。微博提供的标签和搜索功能，是寻找粉丝的重要方法。如"找人"搜索一般都可以直接搜索名字、标签等。例如，你是一个 "旅游"类微博，想找一群爱好"旅游"人，那你可以在微博搜索中，限定搜索"标签"，然后搜索"旅游"关键词，就可以看到为自己订了"旅游"标签的微博主的列表，如图5-10所示。

2）找那些靠"互粉"建立起来的微博主

这样的微博主，你关注了他们，他们很愿意反过来关注你。这些微博主最明显的一个特征是，其粉丝数量与其关注数量相差很大。例如，某个人的粉丝数量是30，但他关注的人的数量是 300。在这样的微博主的粉丝列表中，找到你感兴趣的人，主动关注。因为这些人都是之前与他"互粉"成功的，都比较乐于"回粉"。

3）找那些粉丝众多的微博主，帮你转发和推介你的微博

通常，你的好朋友、与你有共同话题的人、与你个性相似的人、在微博上与你互动良好的人或者非常热情愿意帮人做转发和推介的人，都可以成为寻找的对象。找到这些微博主后，先准备一条或几条你认为写得很好、足以吸引人目光的微博，然后，可以通过留言或私信的方式直接告诉这个微博主，你希望他们帮忙转发和推荐。留言和私信中，不要只是恳求别人推介，而要给别人一个推介理由，比如"能帮忙转发我的微博吗？我想，我关于西藏旅游攻略的推荐对你的粉丝可能很有帮助""请帮忙转发，我热爱旅游，想通过照片与更多旅游爱好者成为朋友"等。也可在你的微博或评论中，用"@"提及他们的名字，引起他们的注意。

图 5-10　限定标签，搜索博主

4）如果能够给自己的微博加身份认证，也会增加成功率

身份认证是微博主（个人或企业）向微博服务商（如新浪、腾讯）提供可以证明自己真实身份的资料（如身份证、手机号、照片、公司营业执照等），经微博服务商审核后，在微博上显示已经认证标志的过程。认证后，博主名字后面加上 V 形标记（新浪）或对号标记（腾讯）。认证后的微博在粉丝群体中可信性更高，传播影响力更大。如图 5-11 所示，华西都市报申请认证后，账号后加有 V 标记。

新浪微博认证申请地址：http://verified.weibo.com/；腾讯微博认证申请地址：http://t.qq.com/certification?lang=zh_CN。

图 5-11　华西都市报的微博

3. 更新内容

1）写好 140 个字

微博虽"微"，但也要"博"，其核心还是内容。微博现在不限制字数了，但是超过 140 字以后，内容就会被"收起"，因此在运营的时候，能限制在 140 字以内是最好的，这样能够给予粉丝良好的阅读体验。那如何用好这 140 个字呢？一般说来，微博内容可以分为开头、中间、结尾三部分。开头要一下子吸引人的眼球，中间要清晰、有条理，结尾要突出重点。具体说来，主要包括以下技巧：

（1）微博的第一句话很重要，要足够吸引人。正如每篇新闻都要有凝练、醒目、吸引人注意的导语一样，微博的第一句话就是微博的导语。这个信息爆炸的时代，阅读模式都是蜻蜓点水的，如果你的第一句话不够吸引入，读者很可能连耐心读完 140 字的机会都不会给你。

（2）图文并茂至关重要。微博主不仅仅可以发文字，还可以分享照片、视频等，让微博图文并茂。一张好的配图往往比千言万语更有说服力。所以，只要时间允许，就一定要为

所发文字配上好的图片。那配图有哪些技巧呢？

① 配图的数量，通常为 1 张、2 张、4 张、6 张和 9 张。这种配图的数量搭配可以呈现比较好的视觉感受。

② 配图内容尽量包含产品形象或者品牌 logo。这样的配图方式，对潜意识培养及传播品牌印象是非常有帮助的。

③ 配图配色尽量以品牌色为主色调，设计图片搭配颜色，视觉风格统一。

④ 巧用动态图片和长图。很多微博的配图中往往会出现设计构思极为巧妙的动图或长图。如图 5-12 所示为可口可乐某次微博的配图，九张图未点击大图时整体呈现的效果如图 5-12 所示，当用户点击每张图片为大图模式时，每张图片呈现的内容则是不同的动图。

图 5-12　可口可乐的微博配图

（3）如果要表达的内容较多，且有逻辑条理，可用 1、2、3 这样的编号将主要观点标记清楚。如图 5-13 所示，李开复的这条介绍如何在互联网时代引领创新的微博，就用编号表明主要观点，结构清晰。

（4）用幽默吸引人。只要看一下微博人气榜，就不难发现大家对幽默内容的关注度有多高。高居人气榜前列的微博里面，像"微博搞笑排行榜""冷笑话精选""我们爱讲冷笑话"的微博主，其粉丝数量都以数十万、数百万计。正因为如此，我们在写微博时，也要学会在适当时候，用一点幽默的小技巧，让自己的微博引起更多人的兴趣，如转发幽默图文、自我调侃、爆自己或朋友的糗事、对严肃内容进行幽默点评、发表生活中发现的冷笑话等。

@李开复 V

【谷歌董事长新书】如何在互联网时代引领创新：1）人才第一：同时有技术+创意+商机嗅觉的人，2）放权给小而快的团队，3）战略基础要稳定，但策略计划必须不断调整，4）先成长后赚钱，5）了解但不模仿对手，6）基于技术趋势的大梦想，7）少写计划，多动手，8）重视数据。

英文简介：http://t.cn/R7wYoUg

图 5-13　李开复的微博用编号将主要观点标记清楚

（5）微博除了能发布文字+图片，还可以发布文字+视频、文字+头条文章、文字+投票、文字+话题、文字+网址链接等等。每种形式有各自不同的效果，如图片、视频看起来直观，而头条文章则能较深入地阐明信息，传播性较好，投票和话题类能提高粉丝参与度，从而促进粉丝黏度，外部网址链接则有助于网友快速找到原始信息或相关信息位置，帮助读者扩大阅读范围。

（6）微博的最后一句话也非常重要，可以用一些醒目的字眼再次点题。如果内容是那种需要大家帮助或转发的，那最好写上"请帮忙转发"，或者"请帮忙"等字样提醒大家注意。也可以写一句互动性的话，抛出问题让大家思考，或者诱导大家转发、评论。

（7）发出微博之前，一定要把内容再检查一遍，谨防有错别字、表达不清或疏漏的地方。如果在发出之后才发现有错误的内容，那就尽快删除那条微博，再重写一条新的。发出之后，也要记得留意一下粉丝们的评论，看有没有错误或者引起人反感的地方，如果有，可以删除重发，也可以彻底删除。

2）发微博的时间和频率

微博的用户数量非常大，每天新发布的博文也非常多。对一个微博用户来说，他每天阅读微博时，他所关注的所有人新发布的博文都会出现在他的主页中。大多数人通常没有办法读完所有的博文，而是只读那些他们登上微博主页后看到的最新的内容。这样一来，发微博的时间就变得很关键——如果要更多的人看到你发的微博，那么，一定要选择最合适的发布时间。

首先，一般在工作日，周一、周二用户往往面临比较大的工作、学习压力，心理处于紧张期，看微博的时间相对较少；周三、周四用户进入一周的稳定期，对于微博的反馈积极性有明显的提高。在时间点上，人们每天上网看新鲜事物的时间通常比较趋向于几个集中的时间段：上午 9：30—12：00，下午 3：30—5：30，晚上 8：30—11：30。这几个时间段就是发微博的黄金时段。而在周末，因为大家要休息，上网看微博的时间相对工作日要少。一般来说，周末上午看微博的人少，下午和晚上要多一些。而且，周六看微博的人最少，周日要多一些。

其次，根据微博读者对象的不同，发微博时间也略有差异。比如，如果你写微博主要是给大学生看的，那你也许要考虑到，大学生白天处于学习中，上网的时间少，晚上和周末上网的时间则相对比较多。所以，发给学生看的微博可以选择在工作日的晚上或周末的下午、晚上发。

再次，微博内容不同，最佳发微博时间也有所不同。例如，如果发的是行业新闻、业界动态，那你最好在上午工作时间发，这时，关心此类内容的办公室职员、白领等人群，多半正在微博上浏览相关信息；如果想发布有关家居生活、娱乐休闲等话题，那最好是在晚饭之后的时段；在周五下午或周末，通常可以谈谈地方商户服务或娱乐方面的话题。

除了发微博的时间段以外，发微博的频率也是一个值得考虑的因素。

首先，作为一个尽职的微博主，最好能天天都发微博，别让粉丝忘了你。但是，一天发的微博数量过多或时间过于集中，会在粉丝看到的页面上，造成"刷屏"，影响粉丝的微博体验，极有可能导致别人取消对你的关注。因此，最好控制在 20 分钟到 1 小时一条为佳，一天的微博数量也要控制在 20 条以内。

现在微博提供了定时发送的第三方应用，如新浪微博的皮皮时光机、定时 V 等各种定时发布的工具都可以预先设定微博发布的时间。这可以冲破时间的束缚，使微博在任意时间都可以发布。

3）善于转发

在微博平台上，相互转发是扩大影响力、加速微博内容传播、吸引更多粉丝关注的重要手段。善于转发微博的人，总是能在最恰当的时机，转发对自己的粉丝最有价值的信息，同时还会用符合自己特点的评论，为转发加上"点睛之笔"。

转发微博时，要注意以下几点：

（1）慎重挑选要转发的内容。转发在事实上表示该内容得到了你的认可，也代表了你的品位。不慎重使用转发，不但会失去粉丝，更会伤害你自己的信誉。转发时尽量增加自己的简短评论或从转发的内容里挑一句经典的话，这样，你自己才会被大家关注。

（2）自己转发自己。对于自己发出的，想重点推荐或比较受欢迎的微博，隔一段时间可以加一句评论或一个问题，通过转发的方式再发一次。这样，即便错过了看第一条微博的粉丝，也有机会再看一遍。而看过第一条微博的人，也可以从第二次转发中得到新的信息。

（3）互推。找相关的微博，相互转发微博，目的是增加微博的曝光度。例如，对方是有 1 万粉丝的微博，假如你的微博质量还过得去，被二次转发 10~30 次基本上没太大的问题。如果和 10 个这么多粉丝的人建立互推关系，你的微博就能轻松转发过百了。

4. 与粉丝互动

微博运营不是一个人的自言自语，所以不要只是单方面的发布消息，而留住忠诚粉丝的一个非常重要的方法，就是在微博平台上经常保持和粉丝之间的互动。只有通过与粉丝不断地交流，才能获得粉丝的信任与好感，也只有这样才能真正让粉丝参与到我们的活动中来，并为我们提供有价值的反馈和建议。

微博的互动类型有很多种，如解释和说明、提问和回答、发起话题讨论、不同观点的辩论、发起投票、有奖竞答或竞猜等。下面介绍 3 种：

1）发起投票

投票是最直接地让粉丝参与到活动中来的一种方式。粉丝能直接看到投票后的结果，也更有参与感。如图 5-14 所示是我是歌手节目微博发起的投票活动。

图 5-14　微博中发起的投票

2）转发抽奖

转发抽奖是博主发出一条活动博文，要求用户转发，最后在参与活动的粉丝中，抽出一部分幸运者发放奖品。如图 5-15 所示为美图秀秀发起的转发微博抽奖活动。

图 5-15　美图秀秀微博发起的转发抽奖活动

3）抢楼活动

抢楼活动是博主发出一条活动博文，要求粉丝按一定的格式评论，当用户回复的楼层正好是规则中规定的获奖楼层时（如第 100 楼、第 200 楼），即可获得相应奖品。

与粉丝互动的方法都不复杂，关键是用行动去执行。

【思考与练习】

1. 请简述微博运营的步骤。

2. 请分析微博主与粉丝互动的方法。除了文中介绍的，你还能总结出其他方法吗？

3. 在新浪或者腾讯申请开通一个新微博，在一个月内，想办法让粉丝量或者听众数增加到 200 人。

5.5　微　信

这是周末的一天，笔者从睡梦中醒来，不着急起床，先摸出手机，打开微信。看到了工作群里办公室主任发的下周一会议的留言，朋友圈里好友晒的日常。我开始一一回复、点赞和评论。

饭桌上，我边吃早饭边浏览完微信"看一看"里推送的新闻资讯，好像刚才看到资讯里推荐最近新上映的一部电影不错，突然想放松一下，于是用影城的微信公众号订了一张电影票，购票、选座一分钟搞定。离电影开场一小时前，打开"滴滴打车"微信小程序，发送行程，不到两分钟，快车就来到了身边……

这是最普通的一天，微信已经连接了我们的生活、社交和工作的方方面面。我们用微信调用地图、购物、订机票或酒店、查询信用卡账单等等。毋庸置疑，微信已经成为了移动互联网的一个重要入口。

5.5.1　了解微信

微信（英文版本名为 WeChat），是腾讯公司于 2011 年推出的一个为智能终端提供即时通信服务的免费应用程序。微信支持跨通信运营商、跨操作系统平台，可通过网络快速发送语音短信、视频、图片和文字，同时，也可以使用"扫一扫""摇一摇""看一看""搜一搜""面对面建群""等服务插件。例如，直接使用封面扫描可以查看对应书籍、CD、电影海报的详细信息，摇动手机可以在微信界面观看视频等。对用户来说，一切很简单、实用、方便。

微信官网地址是：http://weixin.qq.com/。

1. 扫一扫

你一定在商店门口、广告牌等多处看到过很多二维码让你"扫一扫"，通过简单的扫一扫，能加微信好友或关注公众号，能一秒登录网页等。但你可能不知道，"扫一扫"功能远不止这么简单。微信"扫一扫"由原来的识别二维码，细分到现在的 4 个功能：扫码（二维码/条码）、封面、街景及翻译功能。

1）扫一扫看商品价格

扫描商品包装上的条形码，可以迅速找到该商品的简介、价格，并能通过微信提供的商品链接直接进行购买。

2）扫一扫买书

你只要对准图书、CD 的封面或电影海报等扫一扫就能立即获得该商品的详细信息。例如，扫描图书封面后会在扫描结果页显示该书的名称、作者、内容简介等，甚至包括当当、亚马逊和京东的在线购买地址。

3）扫一扫看附近街景

如果你初到一个陌生的地方，只要对准附近的建筑物扫一扫，等待微信识别出来以后，便会显示街景拍图，并在屏幕下方显示附近的街道，为你提供该位置的娱乐、生活、商务信息等。当你用手指在屏幕上上下左右划动时，微信上的街景地图也会随着转动。

4）扫一扫实时翻译

用摄像头对准英文单词，微信能自动取词，并直接在取词框下方显示单词的意思。如图 5-16 所示。

翻译功能目前只支持将英文翻译成中文。

2. 摇一摇

摇一摇有找人、搜歌和搜电视三个功能，如图 5-17 所示。

图 5-16 微信扫一扫

图 5-17 微信摇一摇

1）摇一摇找人

可以通过摇手机或点击按钮模拟摇一摇，匹配到同一时段触发该功能的微信用户，从而达到交友目的。

2）摇一摇搜歌

有时你在用其他终端听到某首歌曲，又不知道歌名，可以利用搜歌功能。摇动手机后，微信会根据声音识别出你正在收听的歌曲。

3）摇一摇搜电视

微信摇电视，是微信向电视台提供的一种多屏互动形式，通过音频指纹技术，快速识别用户正在观看的电视频道、电视节目，将观众与电视内容实时地连接在一起，进而实现内容扩展、观众参与、互动社交、及时消费、收视率调查等。您可以在看电视节目的同时，打开微信→发现→摇一摇→电视→摇动手机，即可进入互动页面参与电视互动。

最先使亿万中国观众了解并熟悉了这种新的电视互动形式的是 2015 年 CCTV 在羊年春节联欢晚会上推出的"摇电视"功能。节目播出期间，用户通过摇一摇可随机摇到春晚明星语音拜年、朋友祝福贺卡、春晚节目单、现金红包等，参与上传全家福，还有机会在春晚中展示。整场央视春节联欢晚会创造了互动总量达 110 亿次，互动峰值达 8.1 亿次/分钟。

湖南卫视在《我是歌手 3》节目中也使用了摇电视互动，可让用户报名参与听众评审、支持心仪歌手并抽微信现金红包等，如图 5-18 所示。

图 5-18　《央视春晚》和《我是歌手 3》节目播出期间，用户可以摇一摇电视参与活动

3. 看一看和搜一搜

2017 年 5 月 17 日晚，微信上线多项新功能，其中，微信实验室推出的"看一看"和"搜

一搜",涉及流量分配及内容分发,立即受到业界高度关注。

"搜一搜"和"看一看"如果没有出现在你的微信"发现"页面里,需要通过设置"我-设置-通用-发现页管理"中启用搜一搜/看一看。在"看一看"中,微信会为用户推送各类热点资讯、好友关注的资讯以及自己感兴趣的文章等,是微信基于大数据为用户提供的个性化资讯阅读体验,可以让用户快速获取自己感兴趣的热点资讯。如果遇到用户不感兴趣的推送内容,可点击关闭的符号→点击"不感兴趣"即可。

而"搜一搜"则可以帮助用户快速查找内容或服务。通过"搜一搜"入口,用户可以主动搜索关键词,获得相关文章、公众号、小程序等信息。

4. 面对面建群

试回忆一下以前的建群方式,一般前提是好友关系,即一个人先将自己的一个或几个好友拉进来,其他组员再通过自己的关系网(或者扫描二维码)扩充群组成员。

再试着想象一下这个场景,一群原本陌生的人同时参加了一个关于网络编辑的会议,有人提议建立一个群,方便信息共享。这时就出现了一个问题:他们互相都不是微信好友。

我们在生活中越来越多地遇到刚才的场景,而且很多时候我们并不想加并不熟悉的人为好友。二维码是一个方案,但是只能一对一,效率太低。我们需要的是一对多,甚至多对多。"面对面建群"解决了这个问题。不再以任何一个人为中心,而是微信本身充当了这个角色,完全摆脱了"好友关系"这个大前提。

点击微信右上角的"+"按钮,选择"发起群聊"→"面对面建群"功能后,输入四位数的建群密码,只要你身边的人输入同样的密码之后,选择"进入该群",就可以立即开始群聊了,如图 5-19 所示。

图 5-19 微信面对面建群

面对面建群是基于位置服务（LBS，Location Based Services）的一项应用，在线下聚会的时候，所有人通过选择面对面建群，并输入相同的四位暗号，即可迅速建立多人群。这个功能的加入再次强调了微信的"现实场景"社交意义。

5.5.2　微信公众平台

微信公众平台是腾讯公司在微信的基础上新增的功能模块。通过这一平台，个人、企业、政、府、媒体或其他组织机构都可以打造一个微信的公众平台，向用户群发文字、图片、语音、视频、图文消息等类别的内容。目前微信公众平台支持 PC 端网页、移动互联网客户端登录，并可以绑定私人账号进行群发信息。

微信公众平台官网地址为 https://mp.weixin.qq.com/，界面如图 5-20 所示。

图 5-20　微信公众平台官网

1. 微信公众号的类型

微信公众号分为订阅号、服务号、小程序和企业微信四种类型，如图 5-21 所示。

图 5-21　微信公众号的四种类型

1）订阅号

微信公众平台订阅号主要为用户提供信息和资讯。订阅号为媒体和个人提供一种新的信息传播方式，构建与读者之间更好的沟通与管理模式。成功案例有央视新闻等。订阅号的主要功能和权限如下：

每天可以群发一条消息。

发给用户的消息会显示在对方的"订阅号"文件夹中。

发送消息给用户时，用户不会即时收到消息提醒，"订阅号"文件夹右上角红点标记。

聊天界面底部，可申请自定义菜单，支持设置"跳转到网页"和"发送消息"两种动作。目前未认证的微信订阅号自定义菜单只能够添加素材中的图文链接和已经绑定的小程序链接。

主要给用户提供信息和资讯，一般比较适合个人或媒体。

2）服务号

微信公众平台服务号，顾名思义，主要是为用户提供服务的。服务号给企业和组织提供更强大的业务服务与用户管理能力，帮助企业快速建立全新的公众号服务平台，截至2017年12月，微信城市服务累积用户数达4.17亿，可查询和办理的服务达9930项。涉及公安、人社、公积金、交通、税务、司法、教育、民政等30个类别。服务号的主要功能和权限如下：

一个月内仅可以群发4条消息。

发给用户的消息会显示在对方的聊天列表中。

发送消息给用户时，用户即时收到消息提醒。

可申请自定义菜单。

认证后可申请开通微信支付。

主要是给用户提供服务，一般比较适合政府机构、银行和企业用户。

3）企业号

企业号是微信团队2014年7月推出的模块，定位企业办公。企业号为企业或组织提供移动应用入口，帮助企业建立与员工、上下游供应链及企业应用间的连接。在账号完成企业认证后，就可将所有企业员工的微信号导入，并且还可通过微信完成打卡、报销、会议等各种企业内部管理与交流。成功案例有粤北人民医院、安邦保险等。企业号的主要功能和权限如下：

无限量消息群发。

发给用户的消息会显示在对方的聊天列表中。

可按需创建个性化应用，灵活设置菜单。

分级管理的企业通讯录。

主要是企业进行管理的平台，一般适用于企业内部管理、办公。

三种微信公众号的功能和权限的区别见表5-2。

表 5-2　三种微信公众号功能权限的区别

类　　型	订阅号	服务号	企业号
发送消息	1 条/天	4 条/月	多条/天
显示效果	订阅号文件夹中	消息列表中	消息列表中
消息提醒	不即时提醒	即时提醒	即时提醒
自定义菜单	认证后支持	支持	支持
功能定位	传达资讯	服务交互	办公沟通

4）小程序

2017 年 1 月 9 日，微信小程序正式上线。微信小程序是一种不需要下载安装即可使用的应用，它实现了应用"触手可及"的梦想，用户扫一扫或者搜一下即可打开应用，应用将无处不在，随时可用，但又无需安装卸载，用户"用完即走"。成功案例有摩拜单车、"肯德基+"自助订餐、"跳一跳"小游戏等。

用户如何在微信客户端找到小程序：

（1）线下扫码。可以通过微信扫描线下二维码的方式进入小程序。

（2）微信搜索。在微信客户端最上方的搜索窗口，通过搜索获取一个小程序或通过"发现"入口内小程序搜索。

（3）公众号关联。公众号可以关联小程序，用户可通过公众号资料页、图文消息、模板消息等场景进入小程序。目前，一个公众号可关联 10 个同主体小程序、3 个不同主体的小程序。一个小程序可最多关联 500 个公众号。

（4）好友推荐。当你发现一个好玩的或者实用的小程序，可以将这个小程序，或者它的某一个页面转发给好友或群聊。

（5）历史记录。当你使用过某个小程序后，在微信客户端的"发现-小程序"里的列表，就可以看到这个小程序，想要再次使用它时，通过列表中的历史记录就可以进入。

2. 微信公众号的成功案例

【案例 1】央视新闻

类型：订阅号

功能：发布央视新闻频道、综合频道、中文国际频道的资讯，配以部分新闻性专栏节目以及英语、西班牙语、法语等频道的采制、编播。"央视新闻"官方微信每天发布 5 条左右的微信，内容均为当天的热点新闻。微信用户点击标题，即可看到简要的图文内容，也可转到网络电视台直接观看视频新闻，如图 5-22 所示。不仅如此，用户组遇到突发新闻事件时也可以第一时间通过文字、语音或者视频向"央视新闻"官方微信直播现场情况，第一时间发表关于新闻的个人见解。

图 5-22 央视新闻订阅号

【案例 2】招商银行信用卡

类型：服务号

功能：2013 年 4 月，招商银行信用卡正式在微信上推出招商银行信用卡智能客服平台，用户将个人信息与微信账号绑定，就可以办理信用卡申请、账单查询、个人资料修改等业务，接收在招商银行信用卡上产生的所有交易信息，如图 5-23 所示。

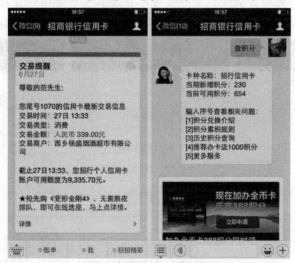

图 5-23 招商银行信用卡服务号

【案例 3】南方航空

类型：服务号

功能：在关注中国南方航空微信之后，用户可以根据南航发送的信息提示办理选座业务和获取电子登机牌服务。另外还提供明珠会员服务、航班票价查询、航班起降、登机口查询、城市天气查询、机票验真、货运查询等多项服务，如图 5-24 所示。

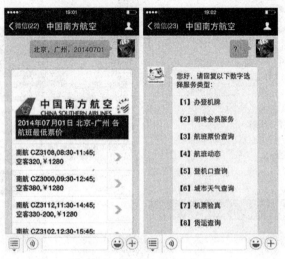

图 5-24　南方航空服务号

【案例 4】安邦保险

类型：企业号

功能：安邦保险企业号的主要功能是帮助员工便捷处理日常工作。员工可通过企业号进行授权决策、查询业务计价、移动考勤微信打卡，还可以在企业号中查询集团通讯录，处理待办事项、待阅文件、通知公告等；业务员可以在企业号中查询销售订单的详情，包括险种名称、投保时间、投保金额以及订单状态，轻松管理客户投保信息，如图 5-25 所示。

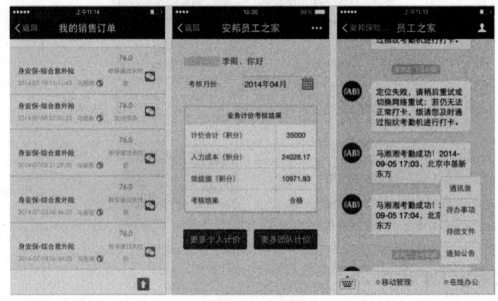

图 5-25　安邦保险企业号

【案例 5】

类型：小程序

功能：无需下载摩拜单车 APP，直接在微信里搜索"摩拜单车"，在出现的摩拜单车小程序里登录，即可实现查看附近的摩拜单车、扫码开锁、自动计费等功能，如图 5-26 所示。

图 5-26　摩拜单车微信小程序

5.5.3　【实践任务】微信公众号的后台管理

1. 群发消息

微信公众号最常用的功能应该是群发功能。登录微信公众平台（https://mp.weixin.qq.com），选择"功能"→"群发功能"，根据需要填写文字/语音/图片/视频/录音等内容后，选择群发对象、性别、群发地区后即可发送。

订阅号在 1 天能群发 1 条消息（每天 0 点更新，次数不会累加）；服务号 1 个月内可发送 4 条群发消息（每月月底 0 点更新，次数不会累加）。

上传至素材管理中的图片、语音可多次群发，没有有效期。

群发图文消息的标题上限为 64 个字节，群发内容字数上限为 600 个字符或 600 个汉字。

语音限制：最大 5 MB，最长 60 min，支持 mp3，wma，wav，amr 格式。

视频限制：最大 20 MB，支持 rm，rmvb，wmv，avi，mpg，mpeg，mp4 格式（上传视频后为了便于用户通过手机查看，系统会自动进行压缩）。

2. 自定义菜单和自动回复

公众账号可以在会话界面底部设置自定义菜单，公众号管理者可以按需设定菜单项，并可为其设置响应动作。用户通过点击菜单项，收到设定的消息或跳转到设定链接。登录微信公众平台，选择"功能"→"添加功能插件"→"自定义菜单"，即可设置自定义菜单。

公众号最多创建 3 个一级菜单，一级菜单名字不多于 4 个汉字或 8 个字母。每个一级菜单下最多可创建 5 个子菜单，子菜单名字不多于 8 个汉字或 16 个字母。

在子菜单下设置动作，可在"发布消息"中编辑内容（文字中可输入 600 字或字符），或者在"跳转到网络"中添加链接地址。

编辑中的菜单不会马上被用户看到，点击发布后，会在 24 小时后在手机微信端同步显示，用户不会收到更新提示。若多次编辑，以最后一次保存为准。

自定义菜单像网站目录导航一样，可以清晰地展现企业提供的内容，方便用户便捷地进入某项服务。但对于某些没有认证的订阅号来说，微信公众平台不支持自定义菜单。其实没关系，自动回复完全可以替代自定义菜单的功能。

自动回复是当用户的行为（如添加关注、回复消息等）符合公众号管理者所制定的规则时，自动回复相应设置的信息，信息包括设定特定的文字、语音、图片、录音。自动回复包括被添加自动回复、消息自动回复、关键词自动回复。

设置"被添加自动回复"后，用户在关注该公众号后，系统会自动发送公众号管理者设置的文字/语言/图片/视频给用户。设置方法：登录微信公众平台，选择"功能"→"自动回复"→"被添加自动回复"，设置回复内容。

设置"消息自动回复"后，系统会在用户给公众号发送微信消息时，自动回复公众号管理者设置的文字/语言/图片/视频给用户。设置方法：登录微信公众平台，选择"功能"→"自动回复"→"消息自动回复"，设置回复内容。消息自动回复在 1 个小时内回复 1~2 条内容。

设置"关键词自动回复"，可以通过添加规则（规则名最多为 60 个字）实现。用户发送的消息内如果有公众号管理者设置的关键字（关键字不超过 30 个字。可选择是否全匹配，如设置了全匹配则必须关键字全部匹配才生效），系统即可把公众号管理者设置在此规则名中回复的内容自动发送给用户。

那如何通过"自动回复"替代"自定义菜单"的功能呢？首先公众号管理者要明确能为用户提供什么或需要向用户展示什么。把这些东西一一列举出来，然后进行细化。关键是分好类别，然后把"关键词自动回复"与"被添加自动回复"和"消息自动回复"结合使用。例如，夸父培训公众号"被添加自动回复"内容设置为"学点东西，有用！回复 1：获课程信息；回复 2：获网报流程"，然后在"关键词自动回复"里添加两个规则。效果如图 5-27 所示。

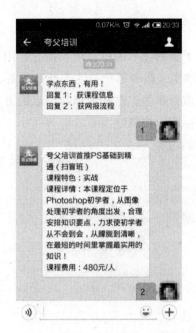

图 5-27　微信公众号自动回复功能

你还可以通过定义多个关键词自动回复规则实现多级菜单的功能。试回忆一下你拨打 10086 等电话服务热线的时候，他们的语言导航是怎样的。自动回复也可以是这个模式。

3. 管　理

在公众平台"管理"选项里，提供消息、素材和用户的管理。消息管理提供查看最近 5 天的所有消息；在素材管理项里能看到你使用过的图片、音频和视频，并能实现再编辑保存的功能；用户管理能实现对关注用户的分组和备注操作，并且可以查看用户的资料，如图 5-28 所示。

图 5-28　用户管理界面

4. 微信数据统计

微信公众平台的"统计"功能，共包含用户分析、图文分析、消息分析、接口分析四个模块。这让公众号管理者可以轻松掌握微信的实际运营情况、监控运营效果。

1）用户分析

公众号管理者可以在这里了解到账号的用户增长情况及用户属性。用户增长关键指标包括新增人数、取消关注人数、净增人数和累积关注人数，如图 5-29 所示。在用户属性里，可以看到用户的性别、语言、省市分布等。这些数据以图表的方式展现，公众号管理者可以直观地了解自己品牌或产品的目标客户群属性。

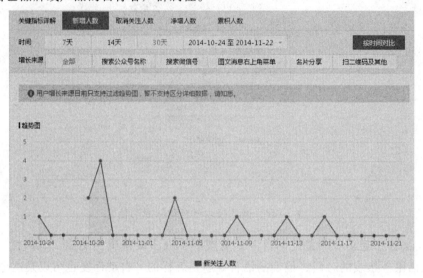

图 5-29　微信公众号的用户增长关键指标分析

2）图文分析

包括图文群发和图文统计两部分。在这里公众号管理者可以看到每篇图文消息送达人数、图文页阅读人数、原文页阅读人数和转发、收藏人数，如图 5-30 所示。公众平台也提供排序功能，相应时间段内哪些文章受欢迎一目了然。

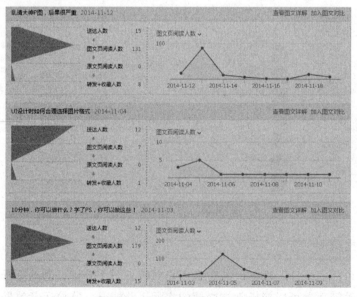

图 5-30　微信公众号的图文分析

3）消息分析

包括消息分析和消息关键词两部分。这里主要查看用户向公众号发送消息数统计，帮助公众号管理者了解用户与账号的互动情况。也可通过用户回复的关键词，合理设置关键词自动回复规则，如图 5-31 所示。

图 5-31　微信公众号的消息关键词分析

5. 公众号设置

1）账号设置

微信公众号注册成功之后，进入后台的"公众号设置"模块，在"账号详情"内提供名称、头像、登录邮箱、微信号、介绍、所在地址等选项，如图 5-32 所示。其中名称（注册时填写）和微信号是不能修改的，而头像、登录邮箱和介绍可以一个月修改一次。二维码图像也可以在账号详情里下载。

名称最好是品牌名。如果品牌知名度不高，可以用品牌名加行业词的方式命名，例如"××品牌童装批发"，这样用户搜索"童装批发"就能找到该微信号。

设置微信号时要遵循以下原则：便于记忆，便于目标人群输入，尽量短，尽量不要用各种符号。

头像的设置和二维码息息相关，它能让二维码更加漂亮。可以把企业的 logo、名称作为头像，以便于企业品牌传播。

介绍最好能突出账户个性，如可以帮助用户解决什么问题或提供优惠信息等。例如星巴克的微信公账号简介为："获得更多咖啡知识，体验更多精彩活动，快加入微信里的星巴克第三生活空间吧"。

除个人类型的订阅号外，公众号可以申请微信认证。认证的好处在于：认证的公众号会排在靠前的位置，用户大多觉得认证的公众号更权威，同时也可以规避各种"山寨版"微信公众号。

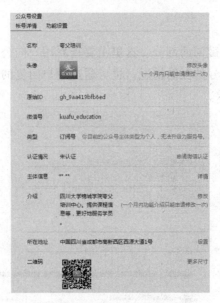

图 5-32　微信公众号账号设置

2）功能设置

点击"公众号设置"→"功能设置"，可设置公众号隐私、水印、绑定腾讯微博等功能，如图 5-33 所示。

隐私设置：设置是否允许用户通过昵称搜到公共账号，如不允许，则只能通过微信 ID 和二维码搜到。

腾讯微博：绑定腾讯微博后，可以将群发的消息同步到腾讯微博。

图片水印：设置微信消息的图片水印效果。可以设置用微信号或昵称作为图片水印，也可设置不添加水印。

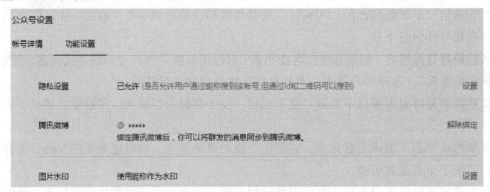

图 5-33　微信公众号功能设置

5.5.4　【实践任务】运用图文排版工具对微信文章进行排版

运营微信公众号，除了内容要好以外，好看的排版更是锦上添花。目前互联网上有很多在线的免费图文排版工具，如秀米(https://xiumi.us/)、365 编辑器(http://www.365editor.com/)、 i 排版（http://ipaiban.com/）等。

1. 秀米图文排版操作界面

下面以秀米排版为例，演示图文排版步骤。

从秀米官网首页（https://xiumi.us/）点击"新建一个图文"，进入到图文排版编辑界面。编辑界面如图 5-34 和表 5-3 所示：

图 5-34 秀米图文排版操作界面

表 5-3 秀米图文排版操作界面

左边素材区	素材区包括主题色、模板分类、我的收藏、以及图库，编辑时可从左边的素材区点击或拖动模板添加到中间的编辑区。在系统模板里，将鼠标放在某个模板上点击右键，即可以将模板收藏为常用模板
中间编辑区	编辑区域的上方版块可以设置文章标题、封面、文章摘要以及给该文章添加标签，方便管理文章。下方版块就是内容编辑区域，底部虚线区域可以快速添加文字
顶部菜单区	顶部菜单从左到右分别为：打开图文、预览、保存、复制到微信公众号、更多操作

2. 文章中的排版要素

一般一篇公众号文章主要包含这些要素：

引导关注。点击公众号标题下方的蓝色公众号名称，就能打开公众号的关注页面。可以在文章最前面放一张体现品牌特色的图片，来引导关注。

版首设计。版首设计的形式有很多种选择：如字数、阅读时间的提示或一段卷首语。

段落标题。通过段落标题，可以将文章划分出多个主题区块，从而避免文章阅读起来过于冗长。根据文字的逻辑结构，可以设置一级标题，二级标题，或者是数字标题。

图片。图片不一定要做特别花哨的处理，如果要加边框样式的话，在一篇文章中选定一个样式就可以了。

分割线。分割线主要在语境转换的情况下使用。如在导语与正文之间插分割线，正文又和编后语部分加个分割线。

二维码名片。公众号二维码，是除了点击蓝字之外另一个重要的关注入口。个人觉得在文末添加二维码名片引导读者关注是个比较友好的涨粉方式，毕竟能读到最后的都是真爱粉。

日常的排版中总有一些固定和非固定的元素，大致的区分如表5-4：

表 5-4　秀米图文排版操作界面

固定元素	非固定元素
顶部关注/品牌 banner	图片边框样式
文章版首	多图的排列方式
各层级标题样式	图文组合
分割线	表情包
基础字号	
行间距	
主题颜色	
二维码名片	

3. 导入文字到秀米中

在秀米中新建一篇图文后，我们需要添加或者导入内容到秀米中，然后还可以给图文添加图片、符号表情以及模板等，让整个图文变得丰富起来。

秀米有两种导入文字的方式："导入 word 文档"和"快速插入正文"。

1）导入 word 文档

在图文编辑接界面，点击顶部菜单倒三角按钮，在弹出的菜单中选择"导入 word 文档"的选项，如图 5-35 所示。

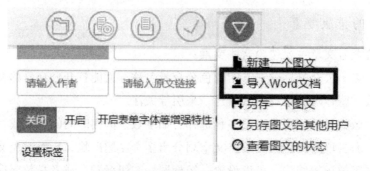

图 5-35　导入 word 文档

点击【选择文档】，可以导入后缀为".docx"的本地 word 文档。导入 word 文档时，原文档的排版格式会被清除，但会保留文档中的图片以及文字，且文章会在秀米中自动分段。

文档导入后，如果图文中的图片需要使用模板，需要借助秀米的收集图片功能，将其收集到图库中，之后添加图片模板到编辑界面，再替换图片，如图 3-36 所示。

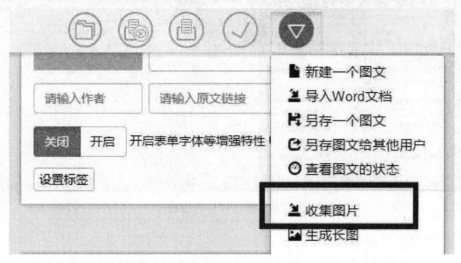

图 5-36　收集图片

2）快速插入正文

如果文档中只有文字，没有图片，那么可以复制所有文字，然后粘贴到编辑区域底部，快速插入正文这个虚线区域里面。如图 5-37 所示。

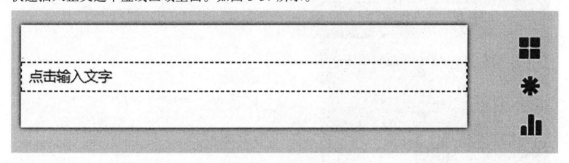

图 5-37　快速插入正文

4. 添加不同内容到图文中

正文添加到编辑区域后，我们可以给图文设置添加标题、卡片等不同模板，也可以在正文中添加一些图片，让图文内容形式丰富起来。

1）添加模板到编辑区

在图文编辑界面，点击左边素材区系统模板下任意模板，点击或者拖入到编辑区，再手动输入或者粘贴内容，修改模板中的文字，如图 5-38 所示。

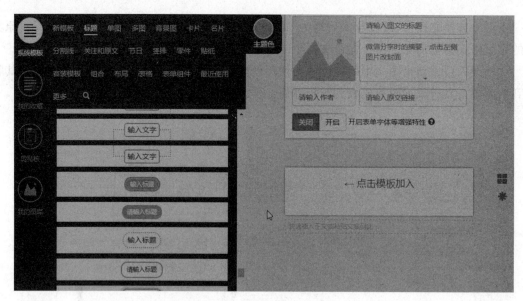

图 5-38　添加模板到编辑区

2）添加图片到编辑区

如果需要将本地图片添加到编辑区中，需要先将图片上传到"我的图库"中，在左边素材区中点击打开"我的图库"，再点击"上传图片"。

然后点击图库中的图，可以直接添加到编辑区域中；也可以将图片拖到指定位置，如图5-39所示：

图 5-39　添加图片到编辑区

3）添加符号表情或小图片到文字间

除了给图文设置添加模板、图片外，还可以在图文中添加表情符号以及小图片。

如果需要将 emoji 表情插入到文字之间，在图文编辑页面，选中需要添加 emoji 表情的位置，点击工具条上格式中的插入符号，选中所需要的 emoji 表情即可。

如果需要将图片（表情包）插入到文字之间，需要先在秀米设置中勾选"文字内可以插入小图片"选项，之后就可以插入图片到文字中了，如图 5-40 所示。

图 5-40　添加小图片到文字间

5. 将图文排版的内容上传到公众号后台

如果你是微信公众号的编辑，那么将图文排版上传到公众号后台主要有两个方法：

1）复制内容到公众号后台

编辑完毕后，点击编辑界面顶部的对勾按钮全选内容，然后会出现如图 5-41 所示的操作提示。

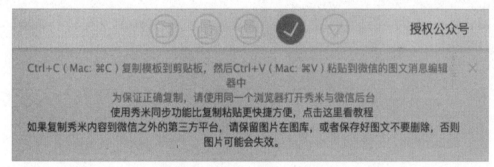

图 5-41　复制内容到公众号后台

键盘上按 ctrl+c（Mac：command + c）复制后，打开微信公众平台编辑器，将内容复制到正文区域。然后再在公众平台填写标题、作者、以及添加封面。

2）同步内容到公众号

也可以授权公众号给秀米编辑器。首先，在编辑界面右上角点击"授权公众号"，根据提示授权公众号，如图 5-42 所示。

授权后再点对勾，第一个选项便是同步当前图文同步到公众号素材管理里面。如果需要同步多图文，请点 "去同步多图文"选项进入到同步页面，选择多个图文同步成公众号的多图文素材。

图 5-42　同步内容到公众号

【思考与练习】

1. 试着去了解微信运营的成功案例，并进行分析。
2. 申请一个微信订阅号，并确定微信主题，选择自己感兴趣或者擅长的主题创作内容。
3. 及时有效地了解用户需求，并设置公众号的自动回复。
4. 了解和熟悉微信公众平台的数据统计功能，试着给你的公众号打分。

参考文献

[1]　中国互联网络信息中心.第 42 次中国互联网络发展状况统计报告[EB/OL]. [2018-08-20]. http://www.cnnic.net.cn/gywm/xwzx/rdxw/20172017_7047/201808/P020180820603445431 468.pdf.

[2]　腾讯新闻全媒派,中国传媒人才能力需求报告(2018)[EB/OL]. [2018-02-24]. https://mp. weixin.qq.com/s/ A-2ipwEGpDtgsnHuGikNQg.

[3]　叶红梅.我国网络与新媒体专业本科人才培养现状研究——基于 134 所高校专业课程设 置和教学实施情况分析[J].东南传播,2017(2).

[4]　童清艳.新媒体现状及未来媒体发展趋势的分析研究——用户自主传播的媒体创意效应 [EB/OL]. 人民网. [2017-04]. http://media.people.com.cn/n1/2017/0406/c411992-29193037. html.

[5]　中华人民共和国劳动和社会保障部. 助理网络编辑师[M]. 北京：中国劳动社会保障出 版社,2011.

[6]　师静,王秋菊.解密网络编辑[M]. 济南：山东大学出版社,2010.

[7]　人力资源和社会保障部.网络编辑员-职业概况简介[EB/OL]. http://ms.osta.org.cn/.

[8]　邹广严. 大学生就业岗位调查报告[M]. 2 版. 北京：科学出版社,2018.

[9]　梦遥遥."在人间"实习的这半年[EB/OL].在人间 living. [2018-01-24]. https://mp.weixin. qq.com/s/ 0pAtGkQlIFxy29tQ2TEcfg.

[10]　董江勇,李博明. 与 50 位网站主编面对面[M]. 北京：清华大学出版社,2010.

[11]　王彦平,吴盛峰. 网站分析实战——如何以数据驱动决策,提升网站价值[M]. 北京： 电子工业出版社,2013.

[12]　孙伟.什么是 RSS[EB/OL].中关村在线. [2013-01-06]. http://news.zol.com.cn/346/3463788. html.

[13]　微软应用中心. 保留字 [EB/OL]. https://docs.microsoft.com/en-us/cpp/build/reference/ reserved-words?view=vs-2017.

[14]　宋文官,王晓红. 网络信息编辑实务[M]. 北京：高等教育出版社,2010.

[15]　石本秀,石磊. 新媒体采编实务[M]. 北京：中国传媒大学出版社,2012.

[16]　詹新惠. 网络新闻写作与编辑实务[M]. 北京：中国传媒大学出版社,2011.

[17] 王洁，王贵宏. 新媒体采编实务[M]. 北京：中国传媒大学出版社，2012.

[18] 赵丹. 网络编辑实务[M]. 杭州：浙江工商大学出版社，2010.

[19] 郑素侠. 网络与新媒体实务[M]. 郑州：郑州大学出版社，2013.

[20] 海天电商金融研究中心. 一本书玩转信息图的制作[M]. 北京：清华大学出版社，2017.

[21] 刘有刚. 网络音频传播研究[J]. 传媒 e 时代，2012（3）.

[22] 齐立稳. 我国网络社区的发展历程浅析[J]. 北方传媒研究，2010（5）.

[23] 贾媛媛. 移动媒体内容整合、分发模式研究[D]. 河南大学，2017.

[24] 彭兰. 场景：移动时代媒体的新要素[J]. 新闻记者，2015（03）：20-27.

[25] DancerPeng. "朋友圈"的这些小动作，正在为微信公众号的红利期续命[EB/OL]. [2016-02-26]. https://www.huxiu.com/article/140140.html.

[26] 江礼坤. 网络营销推广实战宝典[M]. 北京：电子工业出版社，2014.

[27] 闫琼. 评论：王小丫开博的启示[J]. 对外大传播，2007（2）.

[28] 李开复. 微博：改变一切[M]. 上海：上海财经大学出版社，2011.

[29] 王易. 微信营销与运用[M]. 北京：机械工业出版社，2014.